雨，下在平原上

廖輝英——著

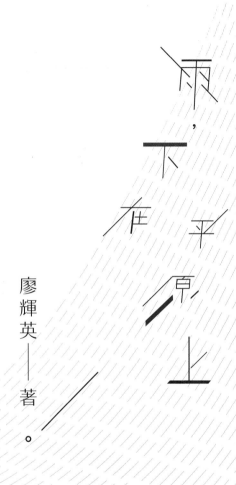

代序 散文是揉不進一粒沙的

我以小說名世，初入文壇，是因兩篇小說〈油麻菜籽〉和〈不歸路〉分別得了時報和聯合報文學獎。可是，二十幾年下來，我出版了三十本散文創作，不僅數量與小說相當，而且被傳誦或轉載的機率也不下於小說。我不能說散文是我的最愛，但它的確展現出一個小說家風采特異的散文風格。

我的散文固然是有感而發，卻往往因題材不同而會有嚴密緊緻或委婉曲折的風貌出現。我喜歡捕捉人生中不特定因素下所發生的種種小小的碰撞、萍聚、擦肩而過、意外、惋惜、遺憾、迷惑等等，即使是短短的數百字，往往蘊藏著曲折的情事，散發淡淡的哀愁。直到漸入中年之後，讀了一些佛經，我才豁然開朗：原來，我一直努力捕捉與描述的，就是人生的無常感——一剎那的歡慶、一剎那的意愛、一剎那的擁有、一剎那的痴迷、一剎那的跌進與走出……就是因為這些不會永遠存在、不可能長久的一切，讓人生跌宕出那麼樣撲朔迷離又風情萬種的樣貌！

我寫過以「邂逅」為主軸的數十篇散文，用一篇篇千字文，勾勒出在我的半生中偶然相遇而碰撞出精彩火花的人物，那些人，稱朋友稍嫌緣慳，但在極短暫或一兩次的邂逅下，匆匆分手；忽爾又在十數年乃至二十幾年後，在意想不到的地方重逢，也許我們的人生還是沒有交集，但看到他（她）一路迤邐而來的腳步，你忽然對生命的某些事心領神會、百感交集或蒼茫跺腳、慘然不知所措！

我也曾在倫敦街頭，向小販買過烤栗子和紫紅色名喚「維多利亞」的水果，熟悉的與陌生的，同樣撩起漂泊遊子無端濃濃的鄉愁！我想到四季的遞嬗、人生的轉折，異國他鄉和自己的家國，以及人在江湖身不由己的無奈，因而寫下〈九月黃〉的散文，表面上說的是在九月成熟變黃的肯特芒果，骨子裡卻是千迴百轉、蝕人肝腸的愁緒啊。

三十本散文，每一本都有特定的主題，我喜歡言之有物的文章；可是，我更認為散文的文字比小說更得要精心計較、更不能摻水、魚目混珠，或不小心在滿筐珍珠中揉進一籽沙子。文章短、字數少，一有疏漏便易露出破綻和敗筆，因此便得小心經營。

除此之外，散文的文字，其實正代表作家的風格。遣詞用字、抑揚頓挫、節奏韻律、層次深度，每一位作者自有他的風采。如果顯不出自己的風格，韻味平平，這樣的文章不能稱好。

寫作其實和所有藝術一樣，多少都需要一點天賦：譬如對文字和事物的敏感度、宛如雷達般的敏銳觀察與擅於傾聽、柔軟的心、捕捉重點的能力等等都算。但是，自我養成也非常重要，必須努力的範圍可就廣了！多讀書、多寫、多看、多想、努力增加生命的厚度與廣度，把它們當陽光、空氣與水一樣的盡量攝取，有一天，你終將感覺自己作品的分量。

目錄

代序 散文是揉不進一粒沙的——003

上卷 坐臥文學海
回到最初的感動

聆聽廖老師最真摯的告白，分享生命中的點滴
一同在文學中尋找生活中的感動與生命的尊嚴

潛藏的種子，終有開花的一天——012
雨，下在平原上，真好！——015
我小說中的夢土——022

知識能改變命運 027
繁華熱鬧中的必要出走 030
回到最初的感動 033
和你同行，真好！ 038
傾聽女人 042
幸福女人啟示錄 049
小說的鄉愁 056
不同的沉淪 059
是冠冕也是枷鎖 063
紅樓人生的華麗與蒼涼 066
特載 近身切入社會與生活的脈動／陳雨航 069

下卷

行走人間世

幸福女人啓示錄

從情竇初開、面對原生家庭到婚姻智慧、親子相處，
讓廖老師幫妳建立重要觀念，
先自我成長才能遇見對的人、活出更好的人生

是寂寞，還是迷情？——072
情竇初開傻傻鳥——080
不自愛哪來愛情？——088
你曾經愛過我——096

面對分手——100
分手比開始更重要——108
分手的善意——118
在父母的婚姻看到背叛——128
爸爸是性騷擾元凶——137
女性主義者的斜坡婚配——146
親子之戰——153
不挖深點，哪看得到礦脈？——156
這叫勇敢追求自己幸福嗎？——164
臨老何必煎太急？——188
太好奇——傷很大——192
誰說「男人不壞，女人不愛」？——202

上卷

坐臥文學海

回到最初的感動

聆聽廖老師最真摯的告白，分享生命中的點滴

一同在文學中尋找生活中的感動與生命的尊嚴

我媽媽非常重男輕女。

她是出身自小鎮西醫的么女，家境富裕，有三位養女供她使喚。但是，外公娶了六個姨太太，因此在媽媽眼中，女兒不值錢，兒子才是命。儘管我與她同住，每個月給她兩萬生活費，每季花五、六萬幫她做衣服，卻始終覺得媽媽心裡唯一在乎的，還是我的哥哥。

三十二歲那年，我生了一場重病，必須開刀，只好向媽媽開口借五萬塊錢。「我沒錢，」媽媽一口回絕，我驚愕到說不出話來。更傷人的是，兩週後哥哥開口借錢，媽媽一口氣就借出去十五萬。

於是，我一個人住院、開刀。醫生告訴我，只是卵巢瘤，但為了保險，還是割除了一邊的卵巢。十二月的台北天空一片淒冷，孤單一個人躺在病床上的我，覺得被世界拋棄了。

出院後，心灰意冷的我決定離家，和交往十年的男友結婚。我們到高雄創業，卻負債千萬，狼狽回台北。為了還債，我找了一份工作，沒多久，我發現我懷孕了。

由於工作壓力的關係，懷孕前三個月，我住了三次院。第三次出院時，醫生警告我：「你最好辭職在家安胎，否則這孩子一定留不住。」拿掉了一邊卵巢，還能順利懷孕，我決定珍惜與這個孩子的緣分。債務，就看著辦吧！

在家安胎那段時間，我想到我的人生，不禁悲從中來。身為女兒，我孝順，卻得不到母親完整的愛；身為上班族，我努力，卻落得背一大筆債；身為妻子，卻與老公時有摩擦。而且我馬上就要身為母親，我該怎麼辦？頓時，我覺得自己好沒用。

某天，我看見報紙上刊登的第五屆時報文學獎的徵選活動，算算日子，只剩下二十二天就要結束。我想起了年少時那段投稿的歲月，我一直都很想當一位作家，卻一直被現實拖著而壓下理想……

我決定將和母親的關係，寫成〈油蔴菜籽〉，投稿出去。三個月後某天深夜，我接到電話，才知道自己拿下了時報文學獎第一名！

從此之後，出版社、電影公司的邀約不斷；隔年，我的長篇小說〈不歸路〉在報上連載，轟動全台，我正式成為專職作家。

我努力想要提升人生，卻屢屢跌跤，但我從來沒有放棄。終於，在我最谷底的時候，為自己開了一條路。雖然出名時，我已經三十四歲；但如果人生沒有跌過那些跤，我不會有那樣的深度，也不會寫出那樣的小說。

繞了一圈，深埋的那顆種子，經過人生涵養，終能開出更美的花。

雨，下在平原上，真好！

日光童年，總是一大落一大落、一整串一整串發亮的事物。中部台灣，終年陽光普照，即使在那物質不豐的年代，屋子外面，仍處處富庶多彩。

記憶裡的焦點，是村子和小學中間那條有著小小水壩的大河溝。我們在河溝淺處摸過蜆子，野大肥碩，每一顆都是道道地地自然生長的。我的最高紀錄摸過一大飯碗，帶著只差我兩歲的大弟一起。村裡的婦人，很多是同班同學的媽媽——因為每一年級都只有一班，村中同齡小孩全都是同班同學——在稍稍上游的地方浣洗衣服。

介於上游和下游之間，就在摸蜆子處再往下游過去一點點，有座無主瓜棚。瓜棚是用竹枝架在河溝之上，兩頭樁腳分別插在兩岸。

那絲瓜宛如多產的婦人，在陽光、氣候及水的滋潤呵護下，時時垂掛著大大小小的嫩瓜老瓜，以及黃橙橙、十足土產的絲瓜花和卷曲的莖鬚。

瓜主人大約田產甚豐，所以不屑採收這瓜棚下的產物。剛長出來如大人手指般粗細長短的小瓜，往往被附近出沒的小女孩摘下來權充家家酒的菜肴，有那倖存不小心長大的，堪堪才熟，就有人趁夜悄悄摸走，留下來的總是因著某種錯身而過的因由長成老瓜，長而寂寞的掛著，像養過好些個小兒被過度吸吮的「布袋乳房」，垂掛在水面上，等待成為它最終的命運——菜瓜布。

那年頭，在太陽底下奔逐，鄉下孩子頭上爛瘡猛冒。媽媽三不五時向揹著竹簍子兜售青蛙的小販買下十來隻，囑我去瓜棚摘些絲瓜莖鬚，和著青蛙清蒸，據說清火去毒，療效奇大。結果如何，我已忘掉，只記得滋味鮮美無比。一兩年後，我們搬離鄉下，三十幾年間，我也不曉得為了什麼原因，自己再也沒吃過青蛙。

河溝下游是個水壩，水壩下面那段河床，陡然低了將近十公尺。據說該處水流湍急，十分刺激，通常是那些十多歲的稍大男孩裸泳的女孩禁地。大哥每天午後都和一群少年孩子泡在那裡，不久就學會游泳。而當時只有五歲的大弟弟，不知天高地厚，水火無情，有次趁人不備，和衣下水，第一口就入，幾乎沒頂。當時在場的十一、二歲男孩子們，全部嚇呆，沒一個敢泅過去拉他。幸好有一駐防附近的軍人路過看見了，奮不顧身躍入十多公尺下的水中，將奄奄一息的大弟撈起。驚恐狂奔而來的母親，迎面給了我一巴掌，及至看到大弟回過氣來，又千恩萬謝的去向救命恩人叩謝。

從此那位張姓軍人成為我家的上賓；而那一巴掌實在打得冤枉，因為大哥在現場，而七歲的我根本近不了「禁地」，我只是準備跑回去呼救而已。轉眼間，三十多年就過去了。

過河以後，是一大片一大片肥沃的水田，村裡的孩子，每天穿過阡陌小路去唯一的小學上學。上下學之際，劈拍作響，在水田角上弄出一圈圈漣漪的是泥鰍、青蛙或土虱。農人們巡完田水，就有好幾簍泥鰍拿到村子裡叫賣。媽媽用低價買來，滾油裡炸得香酥酥的，或乾吃，或再加糖醋、醬油一滾，一直是我們家餐桌上的上品料理。

我們住的宿舍，後面是大地瓜園，右側則是片聾啞大漢的果園。偷挖地瓜通常出於孩童的好玩和趣味，很少有耐心將之燒烤來吃。至於果園，雖然小身子鑽進竹籬笆縫輕而易舉，不過，果園裡我們並不常去，因為聾啞大漢身量粗大，而果園因種得密，所以看起來陰森，媽媽為防我們糟蹋人家辛苦栽種的果子，總騙說那大漢終年守在園子裡，被抓到會被割去舌頭。即使如此，有一次我們仍夥同三、四個伙伴溜進去，果園深處不敢挨近，太高的果樹也沒時間爬，結果是拚命往上跳呀跳的，去拉扯那我們唯一扯得到的香蕉，完全意想不到的將成串香蕉扯了下來；事後又後悔莫及，想盡辦法企圖將之掛回樹上，當然沒有如願。回到家佯裝若無其事，不過白色黏答答的香蕉液沾在衣服上卻洩了底，被結結棍棍修理一番。

稻子收割時，到處洋溢著一種壓抑不住的喜悅，浮浮的，心和腳步都像在雲端上高高低低踩踏著。踩打穀機的聲音、打好堆成小丘的稻粒、一束一束紮得緊緊的稻稈，不小心在乾稻草堆裡翻滾一圈，馬上全身發癢，嚷嚷著回家再洗一次澡、再換一套乾淨衣裳，自然又招惹來一陣皮痛——但記憶裡，那一切全是豐熟的金黃色，連入夜作的夢，也全染上一層金黃色。

灌蟋蟀是最普遍的小神功，鄉下孩子沒一個不會。挖兩個洞，由甲洞灌水，將蟋蟀自其藏身而相通的乙洞逼出，唯一的訣竅在於找出蟋蟀藏身的小洞，並且是未被灌過的。曾有一陣子，大哥那一年輪的孩子，流行把捉來的蟋蟀烤來吃。滋味如何？因沒有人傳誦，所以一直是個謎。

那真是一段富庶豐饒的回憶，特別是難得下雨的時候。

雨，下在平原上，下在名為盆地而感覺像平原的地方，無聲無息沒入那豐饒的土地上；然後，許多生命，靜悄悄但有勁的孳生起來……

雨，下在平原上，感覺真好，充滿未知的希望，充滿「將來性」……

這樣的關於雨的回憶特別鮮明美麗的原因，不知是因童年，還是因陽光，或甚至是由於遙遠的緣故？

也許都不是，而是因為，自茲而後，一年年的，再也沒見過那麼乾淨率性的雨，那麼被需要，安慰人又予人安定的雨。當時的大地，祕藏無限，與人之間的關係何等親密！那像現時這般創痕累累，而且似乎只剩被炒來炒去的地皮價格，雖昂貴，卻失去了往昔的珍貴。

中年以後，我曾經回去那一塊小時成長的夢土。田不見了，自然不再有阡陌小路；

河溝也遍尋不著，可能是被填平蓋了房子。三十年間，我自己方寸之間那塊心田，耕過、翻過、犁過、休耕過、也轉作過，從山高水深到今天平緩無奇，任它日子自是高高低低，而險不再是險，苦未必極苦，走在鋼索上，追索既不多，被追逼又不甚緊迫，偶然尚能自得。

這感覺，就像一家人在成功國宅的空地上玩捉迷藏，外子帶著一子一女，有恃無恐的從這幢樓招搖奔跑至另一幢樓，仗著相距百多公尺的距離，在來往穿梭的人群裡，我這三百度的近視眼難以見他們父子三個。

其實，哪個是他，哪個是兒子，哪個又是女兒，在我眼底了然分明。近視眼不是假的，但人身處某種境遇，眼力憑仗的不再只是生理上的單一功能，而是揉合了愛、熟悉、了解、經驗與想像有以發揮。

一次次的，我站在基地上，心閒氣定卻佯作視而不見的望著他們父子三個，或遠或近興味盎然的奔跑著、躲匿著、歡笑著。

成人的日子伴著孩童的歲月；歡笑與艱苦摻雜著互相拉扯；不足與有餘參差夾帶；

淒風苦雨有如惡夢，下在平原上的雨卻永遠像一首詩。

走鋼索是人在江湖，有自得處，也有身不由己的苦衷。和生活廝殺糾纏到今天，高高低低、起起落落，尋常罷了。

——選摘自《照亮自己》〈鋼索上的心事〉

我小說中的夢土

按理說來，在我至今為止的生活史所占的比例，台中只有小小不到百分之八的程度。

籍貫豐原的我，從來不曾在豐原住過，只有跟著父親回去過幾次，有記憶的只有一次；八仙山林場（父親曾任職當地林場主任）出生的我，對那裡的記憶只有一張坐在娃娃車的黑白照，一頭自然鬈髮、一圈圈髮裡覆蓋有著一對梨渦的小臉，除此之外別無其他。

快樂童年塞滿回憶

之後，跟著父親任職的所在遷徙，在烏日住過童稚的幾年，直到讀完小學二年級才移居台北。同一段時期，有好幾個暑假，我常帶著大弟待在梧棲外公、外婆家，有時就到七、八分鐘車程外的大庄姑媽家小住幾天。姑丈家在大庄是世家，占地甚廣，有好幾十株土芭樂樹，長著纍纍大芭樂，比我人生中任何時候吃過的芭樂都要大要甜；還有幾棵龍眼樹，可惜我去時都不是出果子的時間；果園裡有一條狹小蜿蜒但長得不見頭尾的小溪，溪中遊憩著為數甚多的土虱魚，我和大弟曾經並肩蹲在溪畔，看著牠們在水中遨遊；也曾試著以削尖的竹竿企圖刺中牠們拿到餐桌上去當盤中飧……那是比任何遊戲都更具有挑戰性的狩獵，是很難忘的童年冒險。

當然，童年還有另一種更大的喜樂，是跟著爸媽一起上台中玩耍，看約翰韋恩的西部快意豪情電影、費雯麗的亂世佳人，以及三船敏郎的宮本武藏決鬥佐佐木小次郎……當然我是鐵定看不懂電影內容的，但即使只能興奮的指著電影中奔馳的駿馬狂喊「牛！牛！牛！」，便極其刺激！母親一邊捂著我的嘴，一邊小聲糾正：「是馬，不是牛。」我掙開她的手，氣急敗壞叫著：「牛！牛啊……」還沒上學的鄉下孩子，誰分得清田裡的牛或從沒看過的馬呢？但那種銀幕撞見「舊識」的狂喜，大人怎會了解？

看完電影之後的活動，往往是台中行最高潮的一段。爸媽會帶我們去買一福堂的紅豆麵包；然後到火車站的書報攤搶買我的《新學友月刊》、《兒童樂園週刊》，以及哥哥的《學友》和《東方少年》，接下來的一兩個星期，那幾本童書，變成為我們精神大餐，每隔一陣子，只要爸爸再去台中，回來鐵定有更新的雜誌。

有時為了新奇，爸爸偶爾會帶我跑到彰化吃「老鼠麵」和肉圓，或是到龍井當醫生的姨公家串門子。所以看起來雖然待在台中地區的時間不算長，但因為有個過動的父親，「周遊列國」的機會和次數極多，快樂塞滿回憶的行囊。

雖然因為童年必須分擔家事而無法與同儕一起玩耍，所以我一輩子沒有玩過跳繩、跳格子、跳房子、捉迷藏；可是挖地瓜、扯香蕉、摸蜆仔、摘絲瓜、採橄欖、走田埂躲草蛇、捕蜻蜓和蝴蝶……無役不與，也算盡興。

穿梭都市叢林心繫台中

離開台中之後，風霜雨露數十年，開始想念它那乾脆的天氣，要嘛晴天，要嘛氣勢磅礡的下場西北雨，一小時左右就鳴金收兵，哪像北部，淅淅瀝瀝好幾天，下得人全身發霉。大半輩子穿梭在都市叢林裡，忽然之間，想起小時長滿烏日的一種喬木，葉子散發著某種樹香，童年時和弟妹辦家家酒，經常採它的葉子做碗盤，那種香氣，在中年之後，穿透時空乍然向我襲來！我環顧左右，都是北部花草，一時迷離，以為自己找不到回去的路。

從事專業寫作之後，不知怎麼，一直想起外婆的一生，貴為醫生娘，她的一生卻辛酸坎坷；幼時和她一起睡的外公不再臨幸她的房裡，看著她默默梳髮髻，黯淡的化上新竹膨粉，居然也感受到那種淒清。而我父親跟我講述他祖父幾代的故事，那在豐原媽祖宮前的大宅門內的悲歡離合，不時叩著我心扉的門。

寫作靈感來自故鄉生活

後來，我一再驅車南下，到豐原媽祖宮前看那已改建成旅館的舊宅地，宮前石碑還鏤刻著曾祖父捐款的字跡，大宅卻早已被祖父偷偷賣掉，全部遺贈給二房的子孫。我在那裡徘徊遊走，想像著那尾不請自來的南蛇，在三合院落裡來去自如的情景；也緬想著那些先祖在院落裡的生活足跡。一次次的徘徊、一次次的遊走，兩年後，我寫出了老台灣系列的長篇小說《負君千行淚》。

回到烏日，回到國小，卻找不著從學校到家裡的田埂捷徑；光日路的村子，在棋盤交錯的房舍與馬路中杳然未現；恍然中，看見年僅八歲的自己，站在大門玄關處向中年的我揮手……

人家說，童年是作家的存摺。不管你離開故鄉多久，它當時為你存下的那筆存款，越往後利息越滾越多，簡直就是取之不盡，用之不竭。我相信，故鄉是夢土，也是寫作者一輩子的豐厚存摺。我的故鄉——台中。

母親講的故事

身為小鎮醫生最受寵的么女，在七十年前那種時代，可以到日本留學；平日不做女紅，而代之以閱讀《文藝春秋》這種另類休閒活動的母親，基本上是頗有女權意識的。我還記得她最津津樂道的一件事是：外公出馬競選梧棲鎮長時，雲英未嫁的母親，站在宣傳車上，怒斥污衊外公對手的那種萬夫莫敵的巾幗氣概。

然而，在大、小二舅相繼病逝，外公娶六妾卻苦無一子；加上婚後，父親不擅治生、而母親半生都耗在拖磨六個子女有志難伸之後，她那另一面重男輕女的根性，反而竄高增長，讓我吃了不少苦頭。

有空又好心情時，母親偶然會講故事，故事種類不一，然而，幾十年後，我發現自己記得最清楚、印象極度深刻的，卻是她敘述自己父祖發跡的舊事。

外公是牛販兼農夫之子，他的祖輩自泉州移居台灣，到了父母這一代，耕作著犁份的一小塊山坡地，要養育包括他在內的六男二女的十口之家，鐵定不夠；因此，只要稍有閒暇，我外曾祖父便會到牛墟去看牛買牛，然後轉手賣出，賺其中的差價。即便這麼汲汲營營，生活依然很難改善。在最窮的時候，他們夫妻只有一條長褲輪流穿，那是在必須見客、外出營生時才捨得穿的。

我外公是他們的長子，下面還有五個弟弟和兩個妹妹，食指浩繁，一些同樣做農的朋友總這樣安慰外曾祖父：孩子長大就好了，他們都是人力。但我那沒受過教育的外曾祖父卻另有想法，他發現窮人要翻身，除了老天特別眷顧，要嘛只有讀書一途。可是六個男丁都去讀書，絕無可能，不只是學費問題，還有最現實的耕作人力及吃飯問題。苦思良久，他訂下家規：凡家中排行奇數的男丁去讀書，偶數排行的留下來耕作；但讀書者將來必須盡力幫忙耕作者，如買田置產、拉拔他們的子弟作為補償。這是無奈中力求公平的作法。

就這樣，家中那些上學的子弟，個個不負眾望：外公考上帝大前身的台灣總督府台北醫學校，畢業後為了拉拔弟弟們，儘管成績優異也沒敢再深造，找了個小鎮開業行醫，履行他對外曾祖父的諾言。其他讀書的兩個叔公，都旅居日本做生意，也頗有小成，王家整個家族因此脫離赤貧。

從日據時代進入民國，母親陷入子女坑中、無暇學中文，等最小的小妹長大，她都五十好幾了！常自嘆讀的書無用武之地；但也因為如此，她常告誡我：女人不能仰仗男人，一來因可能無法仰仗，二來仰仗別人便低人一等，所以要跟男人平起平坐受尊重，一定得受教育。雖然在我一路成長途中，她不可免的重男輕女，讓我做很多家事、讓我無止盡的為哥哥弟弟服務或犧牲，然而，當我出乎她意料之外的考上第一志願，她也沒有差別待遇的為我籌措學費；雖然窮，但三不五時就買書回去讀的我，從來也沒被制止過。我想：母親是尊重知識的；我這半生努力，也證明了她一再強調的娘家家訓：「知識能夠改變命運」，的確有些道理。

繁華熱鬧中的必要出走

繁文縟節過春節，似乎注定是我這一輩子必須每年案例重溫的「過程」。

從小生長在海口梧棲的母親，雖然遠赴日本受過好幾年的東瀛教育的洗禮，但海口先民冒險犯難、渡過黑水溝來台，往往有著敬天畏神、祈神福祐的信仰，強韌而執拗，代代相傳，豈是幾年現代教育可以扭轉或改變？這也是自懂事之後，每年除夕春節家中拜拜特多、繁瑣忙碌的原因。

婚前母親十足是個如假包換的千金小姐，長年有外公買來的三個養女服侍，我猜她連條小手絹都沒親自洗過，自然更不用提任何洗衣燒飯的家事。童年時，只要爸爸手頭寬裕一點，家裡便會有煮飯幫傭；再不濟，至少也有個洗衣婦幫洗衣服，因為沒有洗衣機的時代，嬌慣的母親完全無力洗全家人的衣服。少女時，學校放暑假，洗衣服的重任就交到我手上，每天洗八個人的衣服得耗去我一早三、四小時，洗不乾淨還會被母親丟回來重洗。母親對家事，擅於「品管和檢查」，但要叫她實際操作，簡直比登天還難，做不好、而且動作超級無敵慢，數十年都沒改善過。舉個例子來說吧，煮一餐飯需要三、四小時，少女時代，我們家每天晚餐很少早於九點開飯的。

這也就是身為長女的我，為什麼很小就必須被使喚幫忙家事的緣故。但是託了讀書一直很順利的福，只有寒暑假和除夕春節，才會從早忙到晚、欲罷不能。

母親在測試過我做家事的速度和品質之後，驚豔不已，想不到自己竟然養出一個和她截然不同的女兒！除夕早上過了大半，母親梳妝完畢準備上市場，一一把前一日先買好的食材交代我，兩個小時後她回到家，以為交代的工作一定做不了一半，不料我非但全部完成，而且比她預料中做得整齊，連出名挑剔的她也無從挑剔起。

那之後，我便接手了除夕和春節拜各種神祇的工作：灶神、土地公、祖先、地基主到天公，當然事前各種蒸煮炒炸煎的準備也是一律由我包辦。母親的角色永遠都僅止於出那張嘴而已。

我能做、事實也不得不做：因為手腳快，才可避免半夜還沒辦法讓全家人吃年夜飯而引來父母的爭吵。但其實討厭家事和繁瑣的我，非常厭惡必須如此混亂生活，總得做點自己喜歡的事來平衡這種狀況，我總是（也只能如此）利用等待的空檔看我剛買的小說，像供品擺上等待神祇享用的那段時間，我就坐在一旁看我的書，從十四歲初二寒假開始，從蚊子般一點大的小字本《紅樓夢》開始，一年年的，直到我三十二歲婚前的每一個年，都是邊讀書度過。

那些書啊，《三國演義》、《西遊記》、《儒林外史》、《塊肉餘生錄》、《卡拉馬助夫兄弟們》、《安娜卡列尼那》、《白鯨記》、《浮華世界》、《戰爭與和平》、《一位陌生女子的來信》……把我的心靈從粗糙的現實中帶出去、冒險神遊一番，再回到現實裡頭，不知不覺就撫平了心中的微創、安頓了我的躁動和空虛。

自己持家之後，現實益發繁劇，常常無由轉圜；每逢歲末年初，遠遠近近的鞭炮中，隨手一本書，心定神馳，很快便出入其中，一時遊走、盡興再回，那顆荒瘠的心，彷彿被潤澤過，重新有了快意的跳動。頃刻之間，妳就安撫了自己。

一個社會承平越久，它的各種文化藝術就越精緻、細膩、華靡、精雕細琢，並以另闢蹊徑和別出心裁為尚，我們可以從晚唐的詩和南宋的詞看出端倪。

當然，飲食文化也是如此。所以富越三代和暴發戶的分野，只要看他們的飲食作派即可知道。

精緻文化是人類進步的一種必然現象，也是反映社會型態的指標。它隨著社會脈動而發展，並有愈趨多元的現象。換言之，越成熟的社會，越能允許各種藝術的多元發展。

在這種狀況下，精緻飲食必然也是社會的某一種指標。但它和其他文化不同的地方，是它有兩股全然不同的力量分別發展：一方面是繼續向精緻飲食挑戰；另一方面則有反璞歸真、傾向粗食的呼籲。後者這種粗食或輕淡飲食的呼籲，儼然是與現代社會息息相關，因為現代社會的腳步繁忙匆促、現代人焦慮有餘而舒緩不足、吸納太多卻運動太少、富庶有餘而鍛鍊不足，再加上長期過量的精緻飲食，帶來太多富貴疾病，像肥胖、糖尿病、心臟病等等；所以現代人一直反覆做著矛盾的動作：過量飲食之後，再辛苦減肥。這一來一往之間，實在浪費了太多精力、時間、金錢，而且對自尊和自信，也產生了極大的傷害。

很多清淡飲食都從健康和美觀這兩方面著眼而作著維持理想體重的呼籲；但是，對現代人而言，心靈上的減重與清淡，精神上的健康，其重要性可能更甚於體形上的減肥。

說明白一點，很多現代人心靈實在負載太多、什麼都要卻缺乏正確的人生觀，以致忙碌半生卻茫無頭緒；又因為信奉「只要我喜歡，有什麼不可以」這個信念，所以只愛自己而無法用將心比心的立場去和其他人相處，因此人際關係越來越淡漠，人越來越孤獨；在商業社會的迷思中，籠罩在鼓勵消費、預支享受的信用卡時代，現代人不斷放任自己的各種慾望無限擴大，結果人人都變成為慾望而消費，不是因需要而消費，許多人越買越多但永不滿足……

因為這種反省，我開始注意到：為什麼我們越吃越好卻反而無法從豐富精緻的飲食中得到滿足和快樂？為什麼許多食物都不以原味出現、而是多重加料、製作、加工後，變成另一種形態出現？就像我們繁複的生活？

帶著感情出現的某種食物，像是有媽媽味道的雞蛋蓋飯、聯考上榜後父親當作獎賞的切阿麵，為什麼特別可口？它們沒有特別講究的刀法、火候、配料、做工；也不是什麼了不起的材料或名貴的食物，但因為它們都帶著某種美好溫馨的回憶，都是簡單樸實的原味食物，讓我們那麼沒有隔閡的就感受到其中的一切……每當吃著這種食物，用回味與感念的心去品嚐，自然特別可口。

這個啟示，讓我發現：帶有感情的事物，是獨特而美好的。無論時代怎樣發展，人都離不開感情。抽離了感情，即使你贏得全世界，又有什麼意義？

做了母親之後，我先是忙碌的職業婦女，後來又成為更加忙碌的專業寫作者，常常沒有辦法開伙。因為在家開伙，常常不是只有烹煮這麼單純的工作，而是包括採買、洗切、烹煮、洗淨等善後工作，最後還得加上菜色變化的設計，家中每個成員的偏好等等考慮。對一個出稿量長期那麼大的我而言，實在是很大的負擔。

可是，兩個孩子逐漸長大，無獨有偶的，他們都強烈表達希望能常吃到母親親手做的菜的希望。

為了孩子的希望，做母親的自然勉力以赴。我記得自己為應付不同菜色的變化，曾非常努力的學習我吃過的某些餐廳的名菜。

結果得到什麼評價？

兒子很不留情的批評說：「一點也不像滿X樓的。」那家的京都排骨是兒子的最愛。

每當這個時候，就是我最沮喪的一刻。

後來，我放棄學習那些餐廳，而是自創作料和作法，經過幾次改進，最後獲得兒女的稱許，甚至還百吃不厭，被他們稱為「媽媽的滷肉」「媽媽的牛小排」或媽媽的某某菜。

我想，那就是以愛作高湯、烹煮出來的好菜吧。這些菜，都注意到營養、美味、好顏色，而且易做、不過度烹調、不繁文縟節、不企圖偉大，是一個母親用摯愛克服忙碌「設計」出來的菜色。我相信，這些菜，雖比不上餐廳名菜的豪華，但，幾十年之後，當兒女都成家以後，他們一定還會時常懷念起這些「母親的菜」，就像我也懷念從前物質那麼貧瘠的時代，母親拚命想要讓我們兄妹吃夠和吃好所做的那些菜餚一樣。

我的一子一女，都是在我的期盼下誕生。

根據長久的觀察，一個個性穩定、堅毅、具有基本能力、而又明朗有活力的母親，在孩子成長過程裡所發揮的正面功能，遠超過任何其他的因素；而且這個優勢，甚至可以彌補家庭中其他不良因素的不足。

我是個靠創意謀生的人，雖不致多愁善感，但情感纖細殆無疑義；所幸我性格中另具有「大」和灑脫的規格，也就是很少鑽牛角尖、不愛囉嗦、沒有侵略性、也不太自憐。自孩子出生之後，我謹記一些不幸家庭的殷鑑，要求自己更有耐性、不遷怒、在帶孩子時不能讓壞情緒跟著。這些事現在說起來似乎輕而易舉，其實我卻是花了很大的修為才勉而為之的。

小孩出生至今的這二十幾年，我一直很忙，但他們幼小時，我每晚親自給他們講床邊故事，陪他們入睡，最高紀錄曾經一晚講六十餘則故事，而且還常應聽眾要求，講些以他們為主角、自編自導的故事，大受歡迎。

孩子學齡期間，我一年出版三至四本新書，但仍維持接送、看功課、當玩伴、每晚和他們聊天的例行母職。這些事情，我做得很開心，因為，從他們滿足的笑臉中，我發現快樂而不常缺席的母親，是他們穩定開心的最大因素。

有些人或許會說：我做的是自由業，時間當然充裕而自由。我想這也是不爭的事實，不過，身為一個稿量如此大的暢銷作家，我一天的伏案時數常在七到十個小時之間，精神壓力之大，並不遜於上班族。我只是作了調整和抉擇罷了！那幾年，我完全不上電視、極少演講、不應酬、不外出，連和朋友喝咖啡都省掉，我想這就是權衡之後，必須付出的代價。我改在孩子上學時和入睡後的夜間工作；並且和先生有了共識，簡化家事，一切以孩子和我的工作為主。

小孩成長過程中每一件事都牽動父母的心弦，他們的嘗試、犯錯，無一不叫父母一驚！老實說，有時要不生氣、不驚惶、不傷心或不抓狂真的很難。但我告訴自己：如果不讓孩子有犯錯的權利，他們如何從中找到自己的路？

這十多年來，孩子們受過傷害、挫敗、折辱，有些是意想不到，有些則事先就已看出。當他們垂頭喪氣回來，我會檢視他們的傷口，擁抱他們算是療傷止痛；有時會半開玩笑嘲笑他們的狼狽和笨拙，在他們的薄怒中，點撥他們一下。幾年下來，我們母子、母女間都有共識：那就是他們可以犯錯，我不會在他們於外頭受了傷、得了教訓之後，回家再處罰他們一次；但，我不喜歡他們同樣的錯犯兩次，那往往必須付出一點點小代價，像是一兩天不能進玩具間之類的處罰。

我是個尺度寬鬆的母親，但一定會有尺度；我有脾氣，但情緒還算穩定，有幾次罵錯孩子，遇到這種情況，他們從前會生氣頂嘴，後來學會好好講理、申訴，因為後者效果好、平反容易，媽媽還會道歉。如果是前者，比較起來，頂嘴的罪會暫時掩蓋被冤枉的無辜而被多罵幾句。

我熟知孩子們的同學、師長，誰追誰、誰今天又怎麼了，我幾乎全知道。他們青澀的戀情、小小的失戀我也知曉，我是一個肯傾聽、絕對不向他父親轉述、又能隨時隨地給建議、當哭訴肩膀的人。我是媽媽，也是絕不背叛的死忠好友。雖然保持一點適當距離，但我一直和他們同行——孩子們知道，所以覺得安心。

如今，老大已大學四年級，老二也上了高二，兩個孩子對媽媽的印象，可以用今年我生日時他們寫的卡片中的一兩句話作代表，女兒說：「每天一進門，就看到在廚房裡忙著的母親，用中氣十足的快樂嗓音歡迎她：『回來啦，今天好嗎？』即使在學校一肚子不快樂，一聽到這樣快樂的聲音，也會快樂一些。」兒子拙於言詞，粗枝大葉，但居然也會說：「我很少看到有人像媽媽這樣少發脾氣，工作起來又專心又有毅力的人。」和我平起平坐、常常吐我的槽的兩個孩子，有沒有必要拍我馬屁姑且不去追究，至少聽到這樣的諂媚之詞很高興，覺得一路和他們一起走來的這些年，雖然辛苦，卻也趣味盎然。我當然知道，他們絕對不可能成為我所期待的那樣的人；我也知道，今後，長大和即將長大的他們，必須獨力展翅飛向自己的航線，他們仍會跌倒，或許也可能受傷，但身為母親，不都是在明知孩子可能受挫的時候，仍然含笑祝福他們展翅高飛——至少，當我和他們同行的那一段，我用寬容、快樂與積極滋養了他們；這些應該足夠充當他們高飛的燃料吧。

幾千年來，在男生主導的歷史中，女性習慣沉默，也只能沉默——在沉默中，成長、學習、生活、奉獻、服務、燃燒，一輩子做薪材、一輩子以男人馬首是瞻，對每一個她而言，人生只為服務男性，以男性為尊、以男性為規範、以男性為圓心，鞠躬盡瘁、死而後已。身亡之後，在祖先牌位上，女性甚至沒能掙到一個名字，只能擁有娶她為妻的男性給她的姓氏，叫作×（夫姓）媽×（娘家姓）氏。終其一生，她所有的榮耀幸福、辛酸苦樂，生前死後，完全由男性給予和定義。

女性，作為依附者，是藉由全然奉獻自己的身心，得以卑微的存在。

可是，在心臟一搏一跳之間，女人的生命那些蘊含的神祕、幽微、曼妙、精彩多姿的吞吐，雖然無人傾聽睇視和欣賞，雖然備受壓抑限制，但是，那些壓不住的芬芳和旋律，卻悄然滲出流溢，低調的歌詠著令一種生命的豐富！低聲吶喊著她的存在！

社會在改變，即使晚了幾千年，台灣女性的命運，終於也因為世界潮流的影響，因為教育的普及，因為女性逐漸的覺醒，而在這數十年之間，起了革命性的大巨變！

身逢其時的我，在新舊遞嬗之間，見證了傳統女性的桎梏，奮力一擊，打開了天羅地網的一角，探出頭來，呼朋引伴的招呼著更多女性出來！一呼百應，於是有了台灣女性的大幅覺醒，也開創了台灣兩性的新局面。

是的，所有的起點，只是因為一篇一萬多字的短篇小說，因為一個女人的不平，台灣的女性運動因之而風起雲湧、無可遏止！

拙著《油蔴菜籽》，得到第五屆時報文學獎的首獎。那年我懷孕即將為母，在坐胎不穩必須休養的情況下，一個人困守家中。站在人生的分歧點上，有點茫然，有些焦慮，很自然就回首去看自己一路走來的人生。

在我依然還是童稚的六歲左右，已經開始幫忙，對家事一直非常厭惡而且也因此不太能幹的母親做些簡單輕巧的家事，生為富庶西醫家庭中最被寵膩的小女兒，母親未婚時在家中，長年有三到四位外祖父買來的「養女」供她使喚。錦衣玉食外，她還被送到日本去讀新娘學校。

外公深知母親嬌生慣養，無法適應大富人家門風，所以特別為她挑了書香子弟的父親成婚。

婚後柴米油鹽，樣樣粗糙，不到三十歲就生了四個小孩。這對二十二歲以前一直嗜讀文藝春秋，四體不勤的嬌嬌女而言，相對沉重，無計可施、無人可幫忙之下，從小乖巧的我，隨著年齡增長，逐漸成為母親的好幫手，後來甚至反過來變成她身心最主要的照顧者。

成長過程，我便感受母親嚴重的重男輕女觀念和行為。她毫無節制的使喚，我越能幹聽話，就越感受到青少女時代每一個日子的無比嚴苛！功課和家事，有時讓我深深覺得眼前非常難過，未來也未必可能改變的全然灰色。我每有不平，她就拿「女孩子是『油蔴菜籽』，落到哪裡就長到哪裡」、「女人以後要捧人飯碗，自然就要學做事」、「未出嫁時命好不是好，嫁得好才是真的好命」；母親還常揶揄我愛和哥哥比較，她說我連自己姓什麼都還不知道（意即將來我嫁的丈夫姓什麼，那才是我的姓），在爭什麼……

我唯一可恃的是書讀得很好，從北一女初中、高中到大學，出社會做事，發覺女性工作能力未必比男性弱，但待遇、升遷完全比不上男性。這一切啟動了我的不服輸、好強和努力，十年間，我從基層撰文員做到副總經理。直到生產懷孕，不得不因身體緣故暫停下來，但也才有機會讓自己思索一路走來的人生和台灣那些像我一樣女性的地位。

〈油蔴菜籽〉就是那種時空背景下的產物，誠實而懇切的自身經驗告白，引起難以想像的共鳴與迴響。整個社會，被這短短的一篇小說挑破了傷口，也挑開了窗口，人們，特別女性，開始反省，思考，並企圖改變行之數千年的男女地位的刻板印象圖——於是，一向極不平等的兩性地位，從此開始一寸寸崩解分裂，造成台灣社會無以形容的巨變。而過去在各種文類中，被一面倒歌功頌德的母愛，也因為〈油蔴菜籽〉的出現，突然被拿出來檢視和質疑，人們忽然間才了解：原來，愛裡面還潛藏著權力的拉鋸、傳統的巨大包袱、強弱勢的對峙、談判的條件、獨立的辛酸……再親密的人，守在一屋子裡，幾乎都是且愛且恨、愛恨角力的糾纏一輩子……親子也罷、夫妻也罷，其實都如出一轍，愛，只要夠久，當真是千瘡百孔、不忍卒睹。

〈油蔴菜籽〉，毋寧是生於戰後嬰兒潮的我，對身為女性，活在當下社經環境的一種苦澀但敏銳的省思與關照吧。

就這樣，二十幾年來，我的作品和我的社會關懷交互扶持、互為影響，形成一股溫和但持續而頑強的女性生命力量。無數受苦的女性朋友紛紛向我求援、傾訴，我自己則努力研讀專業論述，並在身體力行中，更深刻的體解女性的困苦，也更有效率的找出幫助女性朋友的方法與管道。

這些年來，女性從經濟獨立，進而追求人格獨立，終而轉求身體獨立，如果要用一句話來描述這一歷程，「革命尚未成功，同志仍須努力」，差堪形容。即令女性受高等教育的比例急速上升，即令很多女性收入不比男性差，即令這幾年女權運動如火如荼的全面而加速的開展，但是，為情所傷的女性仍然比比皆是。在惡質婚姻裡，忍受肢體、表情、語言各種暴力的凌遲，日久天長終被不快樂侵蝕改變性情、鬱鬱而終的女性，並不比從前手上毫無任何奧援傳統女性來得稀少。也有許多女性，勇敢告別婚姻，可是，卻永遠也告別不了「不快樂」的離婚症候群。

即使自己早已具備養活自我的能力，或者具備專業能力的幹練女性，有許多卻願意為金錢將自己出租給異性，美其名為援交或包養；更有眾多女性，選擇耀眼的行業，最終目的不是實現自己，而是高價售出自己——嫁入豪門，享受榮華富貴。工作不過是跳板而已，獨立只是幌子。而自己，說到底，僅只是商品罷了。那些學歷、美貌或「能力」，則只是更華麗的商品包裝而已。

當然，這只是比較偏激的例子。絕大多數的女性，其實都是在做多少自己、多少妻子或多少母親的困擾裡掙扎衡量，無由找到平衡點而焦慮；或是在走或不走、婚或不婚中徘徊蹉跎……可以說，現代女性是在有機會可抉擇的環境裡，卻益發難以抉擇；是在可以做自己的時候，卻不知做多少才好；是在可以爬得更高，卻也不無猶疑的環節裡翻滾。

對女性而言，這是個史無前例的時代：沒有典範，也缺少標竿；我們需要摸索、探測和衡量，可我們也需要對手配合和呼應。說得明確一點，女性固當自強，卻也更須知己知彼。對女性而言，這是一個再好不過的年代，卻也是個比以前艱困的時代，唯一可以肯定的是：這是一個女性可以做自己，也可以作主的時代，只要我們夠聰明、夠柔軟、夠勇敢、夠堅強，也夠運氣好。

讓我們一起傾聽女性從心而發的心曲！

《聖經》故事流傳久遠而深入人心，即便不是教徒，透過各種途徑，如電影、繪畫、音樂等等，也都令人耳熟能詳。但是，這些經由不同人所詮釋出來的精神和面貌，有時反而讓觀賞者覺得突兀、沉重、隔閡，好像很難找出故事與我們這個世代或我們個人有任何關聯性；若是教徒，則更可能加深內心的疑惑：到底這樣的故事，有什麼我們看不到的意義？能夠給我們什麼啟示？並因著這些啟示而提振信徒的精神與心情？其實，在信教過程中，無論信心如何堅定，都難免受到個人遭遇、因緣際會、磨難、試煉等因素而有或多或少、或長或短、或深或淺的懷疑與動搖；這種動搖或懷疑，有時甚至會將最虔誠的信徒，扯離他最虔信的教。在載浮載沈的昏暗中，突然有一天，他聽到了一個聲音，一股來自身外、上帝智慧的源泉；一個《聖經》或米德拉示中某個熟知的人物，他（或她）走進我們的生命、向我們說話、給我們示現啟發，讓我們豁然開朗，衍生力量，從生命的谷底真正走出。

關於宗教，我有一段時期，一直在苦思：到底是「看見，所以相信」，還是「相信，所以看見」？後來我覺得，這是一個類似「雞生蛋」或「蛋生雞」的枝節問題——宗教最重要的問題，顯然應該是：為什麼信？而這信，對我們的身心起了什麼正面的作用？

講到「信」，解經就變成非常重要的一環。解經如果只是顯現重述者的思想與價值觀，無法讓人釋疑，更無法具體應答信徒的關注所在；特別是《聖經》中有關婦女的故事，從長期（二到十一世紀）男性觀點的解讀中，那些勇敢而不肯墨守成規的女性，全都被貶損成沒規矩或未受教的樣子，只因為她們勇於冒險而打破界限。

時至今日，女性解經者驟增，大致分成保守與較前衛兩派，前者所呈現出來的女性，傾向於太自我輕視、在受苦中太優雅，而且太無我。可是女性主義者卻又將《聖經》中婦女塑造成她們想要的樣子，而使得這些婦女也失去了自己。這樣的解經方式，大概也無法讓讀者從古老的故事中得到更新的力量而產生變化吧。

作者即便是位熟諳《聖經》教義、米德拉示與宣教工作的博士，卻依然在很長的一段時間裡，無法從各種解經中讓自己的心靈得到提昇。直到在自身長達多年的病痛中深受苦痛折騰，忽爾在某種場景中，從他瑪的故事得到頓悟，進而找到了她與那些《聖經》婦女非常重要的聯結，也找出她們帶給現代婦女異常寶貴的幸福啟示。

本書中所提到的《聖經》婦女，具體而言，都算是特立獨行、敢於冒險而不甘受限制的。女先知米利暗在作者的解讀中，與其說是能預見她的父母會生下能為以色列的兒女們展現神蹟的孩子，或能預知沙漠水泉之所在的人，不如說她是一位能引領其他人想像自由、維繫希望而活力四射的人。對於飽受迫害的以色列婦女而言，即使渡過紅海、逃離埃及人的追殺，但前途茫茫、歡樂仍是短暫而脆弱的。米利暗雖也同樣憂心，但是她拒絕被擊倒，所以用鈴鼓、歌聲和舞蹈鼓舞大家、永保樂觀。這個故事，也示現了在我們的生活中，常常需要一個或一些能鼓舞並支持我們的米利暗；相對的，我們也可以是鼓勵別人的米利暗。在生活中，我們找尋米利暗，卻也得避開非米利暗；而且還得保護自己的能力，偶爾放下鈴鼓、重新充電。

身處憂鬱症泛濫的現代社會，在大家都像人際孤島、千萬人寂寞在一起的都市叢林裡，米利暗拍擊鈴鼓歌舞的身影，是多麼耀眼的希望之星啊。

在空間就是權利的鐵律下，底拿的故事，鮮明的訴說著古代婦女那種極欲掙脫受困和被埋葬的感覺。女人永遠只能站在帳篷門口，眼巴巴看著兄弟出門走向原野、走向世界。對周遭環境充滿好奇的底拿，決定踏出熟悉的疆界去跟新的人群建立關係，雖然她的冒險最後是以悲劇收場，但一切都歸因於她兄弟父權心態所發動的「榮譽殺戮」。底拿故事的可貴在於她的積極態度——願意跨出原本安全舒適環境中熟悉的人際關係，而在陌生的土地上建立新的關係，這其實就是移民、擴展、冒險、但也同時是融合、交流、了解與合作的開始。

用悲劇做收場，可以說是男性想要控制或警告不受控制的女性的心態最好的寫照。《聖經》故事中踏出家門的女性，如他瑪、以斯帖、路得，都有圓滿的結局。底拿的故事，以今日環球衝擊如此劇烈的情勢來看，我們需要跨出自己的門檻，踏上迎向彼此的旅程，但也別忘了向天使祈求平安，並帶著天使作伴給自己勇氣。我想，天使的保護，無非也就是提醒女性提高警覺、做好防範措施吧。

耶佛他女兒的故事，主要是強調同性友誼的重要與可貴。在堪稱困窘的人生道路上，即使已有了異性的親密關係，但同性友誼仍能提供抒發苦悶、傾聽、同在、支撐和結盟的力量。

作者認為這個故事的恩賜，足以讓女性了解當朋友有難，我們有兩種積極的方法可以回應，其一是修補，讓朋友正視問題，並且修補；如果她需要資源，我們可以協助找尋或提供。其二是見證。傾聽朋友整個人生的故事，把我們自己當作是回聲板、道德支持的泉源。

拿俄米和路得的故事，破解了婆媳是天敵的魔咒，提供了另一種母女關係、甚至朋友關係的典範。她們兩人歷經人生的種種震驚和轉變，始終互相扶持；她們給彼此力量、鼓勵、不同的見解，從而讓彼此的生活更好，這已超越了各種關係，成為最美好的友誼典範。

約西薇的故事，是告訴天下所有的母親，不管我們有多捨不得讓孩子走，但孩子有他自己的人生，如果我們希望孩子能獨立生存，成為完整的人，我們就必須找到睿智、安全的方法，在適當的時候，將孩子送入世界。

孩子不是我們的所有物，當他幼小年少時，我們必須努力將他裝備好，盡其所能教好他，然後將他送入人生的戰場。「不教而戰謂之殺」，因此教他一切我們所知，讓他們能夠自保，是我們的責任；可是，我們無法永遠代孩子去打屬於他自己的人生之戰，即使知道他可能流血淌淚，我們也只能放手，這才是真正的愛，否則他如何成長？

《聖經》中這些古老但睿智婦女的故事，經由作者貼近而切身的解讀，忽然變成既生動、豐富又充滿智慧的幸福泉源。我們可以像上面那些女性那樣有活力、有幹勁、有夢想、能堅持，珍惜同性友誼，學會放手。可是，《聖經》中的婦女也並非一種型態，當壞事降臨到好人頭上，約伯的妻子告訴我們：可以詛咒，可以告訴上帝我們不滿，那樣，我們才不致在真實人生裡，讓危難將我們的距離越拉越遠！

瓦實提王后告訴我們的是：覺得被侵犯時，我們可以說「不」！而利亞卻提供另一種想法：當我們得上主恩賜，可以大聲說出感謝，可以忘記其他的不幸，繼續過我們的人生……

而人生啊，雖然樣貌千百萬種，但萬變不離其宗，總有原則和方法可供依循。古老的智慧，用新的角度去詮釋和理解、尋找與自己的聯結，這種「重新尋找」的發現之旅，充滿驚喜、處處驚豔——當你翻開第一頁，這趟旅程就開始了！

Let's go!

小說的鄉愁

——重遇茨威格

二十世紀剛過去沒幾年，而整個世界發生許多革命性的變化，也不過是這一、二十年的事。年輕世代看到的是變化後的現在，也是他們到目前為止僅知的樣貌，因此不以為意；但大半生在二十世紀晃蕩的中壯年人，往往能感受這二十幾年間巨大的變革。

在這裡，毋須去細數所有的變化，對一個創作者而言，創作本質和創作環境的全然改變，就猶如失去原鄉那樣，讓人身心俱感失據。

最近，有三、四所大學請我去演講或座談，我很驚訝的發現：我的演講，居然是他們此次系列活動中唯一的一場，其他都是演唱會；而座談，與談者除了我是作家之外，其餘都是演藝人員，談的主題，也與文學無關。

雖然這也許不代表什麼，但畢竟是二十多年來，現在才有的現象。

至於文學小說的變化更毋待言，每一個世代都會有不同的風格與流變，這是任誰都知道的淺顯道理；只是有關這方面，一切好像只是盡量往「簡易」與「簡感官」的方面進行罷了。

我最近剛好重讀了二十世紀中葉極負盛名的奧地利小說家茨威格的小說，又碰巧在電視上看到其小說改編的電影之一，突覺很有感觸。茨威格公認與俄國的契訶夫及法國的莫里亞克並稱為二十世紀最傑出的中短篇小說家，其小說的質量都很可觀。

評論者認為茨威格擅於刻劃幽暗複雜的內心衝突，很多作品都著重於描述人物的內心世界。以今天的眼光來看，茨威格的小說其實具有一個非常現代化的特點，那就是影像化和完整的情節。

以我最近看到的那部電影《灼人的祕密》電影為例，十二歲的男孩被母親帶到一個度假地休養生息，在那裡，為了阻止母親被心懷不軌的男爵傷害（事實上是被男爵引誘出軌。在小男孩心中，並不了解大人間的挑情和追逐，他母親對男爵挑逗的軟弱抗拒，被男孩誤以為是一種求救；也因此，男孩自認為的營救行動，事實上卻是被兩個大人憎惡的「破壞行動」）男孩展開了他幼稚而無力的破壞行動——我們同時目睹了小孩心中的所有感情起伏，和小孩奮力以赴的具體行動，場景一次一次的變換，張力一層一層的加巨，一點也不感覺單調。到了小孩憤而私自逃離度假地回祖母家、父親質問原因時，小說的張力達到高峰，叫人忍不住血脈賁張、瞪大雙眼！

舊小說老影片，卻自頭至尾，毫無冷場。我們全程目睹了一個年華即將老去、和丈夫感情又不甚篤的女人在面臨挑逗時的意亂情迷、無濟於事的掙扎、瀕臨淪陷的手足無措；也看到一位紈褲子弟輕浮而老到的獵豔手法；幾幾乎也差點看到一場家庭悲劇。也許它的情節並不誇張或有巨大的起伏，不過確乎是非常細膩繁複的轉折；但是，對於重口味的現代人而言，這會不會太乏味？當然，新舊電影、新舊世代之間的截然不同，幾乎就是一種宿命。任何人身在其中，都難掩一種悵惘的類鄉愁吧？

不同的沉淪

最近這兩三個月，我讀了不下三百萬字的小說：有評審時看的作品，也重讀四十年前讀過的茨威格小說，還有必須寫推薦序的好幾部本格派推理小說。其中當然有好看或難看的各類作品，不過看不同年代的小說，最大的差異，其實是作者在書中對重大事件如感情、家庭或人生價值這一類事情上的重大差異。

舉茨威格一篇小說〈一位陌生女子的來信〉做例子好了，這篇我遠在初二時看過的小說，當時讀後不僅是感動而已，簡直可以用震動兩字來形容！而今重看，以同是小說家的身分而言，我覺得茨威格寫得真好，他被封為二十世紀最偉大的三大小說家之一，絕非浪得虛名。可是，他所敘述的愛情故事，以今天的眼光來看，毋寧是很愚蠢而不合時宜的。不過，如果用較浪漫的觀點來看，現實社會的今天，似乎亦不乏這種女性，只是往往會被聰明的現代人訕笑吧？

〈一位陌生女子的來信〉，實質在敘寫一段長達十六年的苦戀。一個寡婦的十三歲女兒，因為寂寞與個性的關係（孤獨的孩子，才能將他們的熱情集中），將自己的感情，投注在一位剛搬到她家隔鄰的成名作家身上。即使後來她因搬家而遠離，這個寂寞的孩子仍想方設法回到維也納，接近她心目中的愛人。而她的愛人，卻是一個博愛濫情、不願被約束，頗受女性喜愛的男人。

但即使她從來就知道女人是陪伴他的常客，她仍然摒棄了所有因為她的美貌而追求她的人！她一心只想委身於他、做他的女人，於是，十八歲時，她在他住處門口等他，佯裝自己不是處女（怕被他因不想負責拒絕）而和他有了連續三夜的激情。三夜過後，男人以要遠遊支走了她，答應回來以後會和她聯絡。但男人一走就將口頭之約摜在腦後，回到居處，照樣風流的留宿不同的女人；這個寂寞而執拗的女子，卻因為三夜風流生下他們的兒子，並為了養育兒子而淪為被男人包養的妓女。她年輕貌美，只要她願意，便可以成為伯爵夫人或有錢的工廠老闆娘；可這些機會，卻都被她自己的苦戀斷送了！她不惜辜負並羞辱了供養她的男人，製造了兩次和那作家再幽會的機會。儘管女子如此痴心和深情，但隔了一段時間再見到她的作家，卻沒有一次能認出她來！這是多麼悽涼、多麼不公道、而代價又多麼慘痛的苦戀啊！作家對她，連「記得」的起碼情份都沒有，她怕坦白招認就會被他視為拒絕往來戶，也就只好繼續噤口的單戀苦撐下去。故事的結局是女方沒有男人的供養，兒子因病無醫而死，女人在瀕臨死亡前給作家寫了一封說明一切的信，還有一把前幾天送出、一如往年每次他生日時她匿名送給他的白玫瑰……沒有留下地址，更不曾在作家腦海裡喚起任何把她「認出來」的回憶！

像這樣痴心的女子，對很多現代男女而言，似乎完全不可思議，也的確莫名其妙傻得過分！一個女人，如果連自己都不愛，一意孤行的往火坑裡跳，那麼，即使是神仙也救不了她！

可是，我們在現在小說或現實生活中，看到許多女性都在自討苦吃：批發或零售自己的肉體、在夜店裡獵人或被獵，沒有感情、只有感官；沒有執著，只有隨「性」；不須碼頭，只要漂流……在不斷冒險中，人的價值也漸漸稀釋。

這是整個潮流的方向、是這一世代的抉擇，所以，我們也讓他們自己去論斷吧。就像茨威格這樣的作家，也就是二十世紀精神樣貌的代表一樣，總有一天，後人必須用力研究才會懂得吧，只是，關於愛情，茨威格其實已經告訴我們很多了啊。

雖然我是道地的文藝青年（自十五歲到二十二歲大學畢業為止，每年都以筆名在當時各大報副刊發表一或二篇作品。停筆原因是認為身為長女、無法以寫作養家活口，所以從畢業那天起整整十年，我投入就業市場，完全封筆），但文壇認識我卻經由兩大報文學獎而來：一九八二年我以〈油蔴菜籽〉得到第五屆時報文學獎短篇小說首獎；翌年，我的〈不歸路〉獲得第八屆聯合報中篇小說評審獎，大家兀自猜測這是何方女子、平地冒出，一出手居然有此成績？幾乎沒有人知道我曾是文藝青年，還曾經有不少讀者寫過信給我呢。

那時，報禁尚未解除，文學獎項很少，所以得到兩大報文學獎首獎、評審獎的作品，萬眾矚目，真的有一登龍門身價百倍的氣勢。即使得獎，我本來也無意放棄工作轉業寫作，因為前者我做了十年，談得上有聲有色、多采多姿；後者在那時候還是一片陌生，最多只能稱得上無心插柳的偶然佳績罷了。

可是，得獎後，很多主編熱誠邀稿、許多出版社也殷勤希望能夠出書、記者訪問幾乎沒有停過；加上得獎作品馬上被改拍成電影，蒙頭蒙腦的又拿到金馬獎改編劇本獎……一切似乎都讓我無法好好回到原來的軌道上去做個上班族。那年我三十四歲，一個孩子的母親，在職場上折衝馳騁，自有我人生的一些曲折起落。也是在那時候，我才有點明白：我在工商界蓄積的豐富經歷，可能成為寫作的不凡薪材。於是，就在情勢和自我抉擇各半的機緣下，開始專業寫作。

現在想來，參加文學獎，根本是因緣際會、甚至是臨時起意的偶然動作，不用說知道什麼評審辦法或評審委員是誰、什麼文類何種寫法較有得獎希望這類「細節」了，連如何參加都是匆匆忙忙中邊看報邊記下的臨時動作，所以幾乎可以說是在「眼中無文學獎」的狀況下參加文學獎的。等拿過兩大報文學獎之後，我立刻省悟：往後如果要走文學路，應該寫自己想寫的東西，而不是受限於文學獎框架下，去寫些迎合相對於所有讀者而言是少數人的評審委員的口味。從那時起，我不曾再參加任何文學獎；寫作時，也幾乎從未想過自己是兩大報文學獎的得主。

文學這些年來，比起我得獎的那時，的確益發蕭條與寂寞，大部分原因當然與社會變遷有關：電腦網路的風行、各種休閒娛樂競相而起，以及讀書風氣的低落，都有影響。可是，文學獎的設立、領軍、評審口味蔚為風潮之後，參賽者爭相揣摩、極盡所能的模仿世界文壇風潮以擠入窄門的作法，不但直接戕害國內文壇，其實也不斷在拒絕本來對文學有興趣的讀者，將他們越推越遠、乃至永遠決裂、再也召喚不回。

我知道有些學閥或文閥會對我這種說法大加撻伐，他們會說文學不是為服務大眾的、它不是大眾文學，而是嚴肅文學之類的八股官話。這種狀況真要辯論起來又是激辯不休、各說各話。可是，所有事情都一樣，過或不及都不是正常現象。這幾年，文壇新人要擠進文壇，幾乎都是經由各種文學獎才得以入門，從這一點看來，文學獎是有其功用。但是，就因為得獎對新人就像入場券一樣、真的太重要了，才造成很多人眼中有評審而無讀者的心態，也使文壇顏色趨於單一寒瑟，好像除了文學獎作品之外，其餘皆不足以稱文學。

這樣的文學界，的確好寂寞。

一本書，除非很爛，否則一定多多少少都會讓讀者有所獲得、有所啟迪、有所交心或有所震撼；而這些影響，又常因讀者的年齡及際遇而有所不同。因此，一個人如果經常看書，便經常可能被某本書撼動。以我個人的經驗而論，少女時代讀茨威格的《一位陌生女子的來信》，激動莫名；再往後，讀雷馬克的《西線無戰事》，對他所描述的戰爭的可怕和絕望無助印象深刻，而且深受震撼；一年前，偶然讀到美籍愛爾蘭裔作家法蘭克麥考特的自傳體小說《安琪拉的灰燼》，對他所述說的那種窮到谷底完全束手無策的狀況不僅心有戚戚，對艱困成長的無望灰色更是動容不已。

然而，論起一本書的豐富、壯闊、細膩、深刻、博大而且影響深遠，卻還是非《紅樓夢》莫屬。

像《紅樓夢》這種書，是每一種年齡都可以讀，但卻都有不同感受；任何人讀它，也都可從不同角度說出一大串不同凡響的見解，它其實更像人生，每個人都從他個人的際遇去描述它，就如瞎子摸象，摸出來的結果往往大相逕庭。

十四歲那年的寒假，第一次讀《紅樓夢》，雖然勉力讀完，老實說，除了那些重要人物的情感瓜葛之外，讀懂的地方真是有限。過了二十年、專業寫作之後再讀紅樓，才發現它的偉大和豐厚。

過去有人的論文，提到《紅樓夢》一書共描寫多少人物、寫了多少場景、作了多少首詩，我因純粹只是喜歡、並不作研究，所以沒有記住那些數字；但是單憑那些印象，以一個專業作家的眼光來看：寫那麼多人，卻能人人都不相同，外貌、個性、遭遇、言語、行為……這是何等的功力和心血！真正要在寫作上下工夫的人，往往可以從《紅樓夢》裡得到許多滋養，大的部分諸如：敘事、寫景、談情以及整部書的伏筆與連貫；小地方則如一條裙子的描繪、一個女子的形容、一句話的神情語氣。除此之外，紅派用語在近代及現代，更影響了眾多寫作者的風格。

這些浮面上的特色已足以坐實《紅樓夢》成為偉大作品的條件，不過，《紅樓夢》

叫人愛不釋手、感慨低迴的真正原因，卻是它在書中傳達出來的那種由華麗豐美而至急轉直下的蒼涼和無常。從元春入宮的賈府盛世，跌宕寫到賈府抄家，死的死、走的走、出家的出家，像是生命由繁花縟景、五彩繽紛的春天，走過盛夏、進入悲秋，再墮入嚴冬；也像眾人團圓、笑語歡顏的昇平盛世，被悲歡離合、生死病痛扯散，而變成一幅令人唏噓的殘景。

這部以作者的血書之的作品，透過筆墨迸射出來的感染力量，無論是身在華景或心已蒼茫的人，都一樣震撼與感動。這已經不是偉大二字可以形容的了！

特載

近身切入社會與生活的脈動

——廖輝英的《今夜微雨》

／陳雨航

廖輝英一九八〇年代初期崛起於時報文學獎的成名作〈油蔴菜籽〉，發揚光大了這一個形容女性命運的名詞。接著，她的中篇〈不歸路〉的轟動，凸顯了婚姻裡的外遇問題，使得很長一段時間，「不歸路」特指外遇中女性第三者的前景。廖輝英的第一部長篇小說《盲點》描述了婚姻裡的種種難題，包括棘手的婆媳問題。是這樣的近身切入了社會與生活的脈動，廖輝英奠定了她以小說寫作成為女性感情與婚姻問題的代言人。愛情與婚姻，這課題太普遍了，也或者這課題牽動了許許多多困惑其中的女性讀者。隨著作家的大受認同和歡迎，於是從小說談起，或者直接進入女性主題，廖輝英在八〇年代和九〇年代成為各種演講活動裡的熱門講者。直到現在，我們還不時可以在電視頻道類此主題的談話節目中看到她。此外，廖輝英還在報章雜誌上撰寫專欄，從感情、婚姻到人生，其結集出版量幾不亞於她的小說創作。作家參與社會，有如此影響力，廖輝英算是少有的。

《今夜微雨》是廖輝英第三本小說，出版在《盲點》之前，這部中篇具體的描述了女主角和前男友和丈夫兩個男人之間的種種，兩個男人十分不同，但控訴則一，都以男性的自私和任性規避了作為「尋常丈夫」的責任，而一個「尋常丈夫」卻是女人最重要的事。作者文字俐落、準確，角色異常鮮活。中篇〈今夜微雨〉之外，本書還收有〈昔人舊事〉、〈台北婚姻〉兩個短篇。〈昔人舊事〉是廖輝英小說中少有的學院裡的純純之愛；〈台北婚姻〉則是以男性為視點，於職場中的演義有精到之處。從男女關係到職場的種種，這兩個範疇可說是廖輝英最致力也最拿手的題材。現在看來，這本中短篇集或可說是作家創作的一個原點罷。

下卷

行走人間世

幸福女人啓示錄

從情竇初開、面對原生家庭到婚姻智慧、親子相處，
讓廖老師幫妳建立重要觀念，
先自我成長才能遇見對的人、活出更好的人生

戀愛對年輕人而言，是何等平常的事！尤其還在學校讀書的青年，機會很多，每天上學，周遭盡是年齡相當、青春洋溢的同儕，總有人會揪住你的眼光、吸引你的注意。不是這個、就是那個；不是同學、就是學長學妹甚至學姐學弟的。就某種層面而言，如果把戀愛當成狩獵，那麼學校無疑是個最大的獵場：面積很大、漁獲量以總數或單位面積密度者而言，都是非常巨大的最佳獵場。我的意思是：這裡有絕對多數的可以談戀愛的對象，並且種類繁多，令人驚豔。很可惜的是，這個階段，並不是適合談戀愛的時機。因為人生有一定的進程：嬰兒期到青少年階段，在正常情況下，青少年及以下的孩童，都是在成長身體、學習知識技能、認識同儕、培養人生方向等等重要關鍵事項的時刻。如果在那時沒有跟上主要進程，時間過去，很多要素也跟著逸失，那時才要回頭修習那門人生課業，環境與時間都已錯過，要修業會面臨事倍功半的困境，更可能要兩種人生功課同時擠在一起都做，往往負荷不了。

青少年不必趕著談戀愛

不過話說回來：在學學生談戀愛，雖然看起來不少，但那絕對不是學校的重要功能，更不是學子上學時的主要目的。更坦白殘酷的說：其實學戀到最後幾乎很少修成正果的，尤其是國中和高中時期，因為大家年齡都太小，談戀愛只是一種好奇和實驗的探索，不管是心態或實質人生，離真正想「定下來」還非常非常遙遠。既難「定」，當然就少不了「變」和「動」。

大家都注定在短短幾年內會分散到不同的地方、不同的學校各奔前程；戀情因時間、空間的斷離阻隔，以及心意的轉移、身心的逐漸成熟，最後難免在一陣心傷或遺憾中吞下淡淡的苦澀。其實，在生命的發展過程中，國高中時期最重要、也最能決定未來、而且是奠基關鍵時刻的真正任務，其實是所謂的發現自己和發展自我。

當然，大學以上比較可能會發生更「實質」的戀愛，因為下一步的人生便是步入社會。不過，愛情在這個階段，充其量也只能算是實習，它可能仍必須藉著和異性談戀愛，在錯誤與挫敗中，逐漸了解相愛相處的訣竅。

生命的每一個階段，都有它不同的主要任務，在什麼季節做什麼事，雖然沒有明顯硬性的規定，不過，若合符節才能夠掌握「順勢而行」的優勢。舉個例子好了，我們說春天播種、夏天耕作、秋天收成、冬天（特別在氣候嚴寒的地方）收藏糧食、休養生息。這是農耕為主的國家所依循的大自然規則。

有沒有人規定要這樣做？沒有！而是一代一代相傳，從經驗中錘鍊出來的實證智慧。在靠天吃飯的那個古老時代，唯有順時而作，才可能事半功倍，也才能豐收，更實際的講，也才可能讓大多數的人吃得飽、活得下去。

而且，順天時而作，順天時等到果子成熟再採摘，往往才能享受到正逢其時、最美味的果實。未熟的果子硬採摘下來，味道苦澀，難以下嚥，枉費當時白白辛苦栽種，而且也算暴殄天物。

現在農技發達，我們常常可以運用進步的技術，催生果實，甚或利用其他非自然方法，將未熟的果子摘下，再利用人工方法催熟。當我們吃慣這種果實，自然無緣領略「在欉熟」那種自然熟成的果實的美味。此之所以台北住民常被釋迦盛產地的住民嘲笑他們花大錢吃的卻非「自來熟」好釋迦的原因。好不好吃是另一回事，但「未熟先摘」有沒有其他不好的後遺症，才是令人擔心的大事。

我舉水果的例子非真想講水果的事，而是要說「在適當的時候做適當的事」的重要性，順時的阻力最小，不必花力氣去對抗不必要的阻力；我們在整個人生當中，常常必須全力抗衡各種壓力，所以可以順勢而做的事應該珍惜，不必旁生枝節，多花力氣。青少年談戀愛，萬一不小心談出問題，譬如前陣子一位建中學生，意外讓女友懷孕，雖然雙方家長都願意成全他們結婚，但女方父親在壓力下不免向他嘮叨幾句；結果這男孩承受不了壓力（光是意外懷孕這件事被公開，同儕的觀感就已足以對他造成可怕的重擔），跳樓自殺。

這真是個悲劇！

即使沒有女方家長的埋怨，如果男孩沒自殺，這麼小做父母，只怕往後和女友間也會彼此埋怨。往後他要再往上讀書進修，可能也會有扯力必須對抗。這雖是個特例，但也足見當時他承受多大的各方面的重大壓力！女方父親的埋怨，只是壓死駱駝的最後一根稻草！這根稻草，任何事都可扮演，因為在當時那種狀況下，一點點壓力再加上去，都可成為舉足輕重的最後一根稻草！求學時，在那個年齡能夠承受的壓力，本來就沒有我們認為的那麼巨大，光是單純求學就有它的壓力了，何況還要加上其他！所以，國高中時期的同學，不必急著要談戀愛，更不要花太多心力去追求，因為這時期的同學們心志未定、反反覆覆的，有剛交往，便以各種奇怪的理由提分手，什麼要好好讀書啦、女生很煩，太愛講話啦等等在未交往時就彼此知道的事情談分手，讓彼此都有點受傷。

而且，青少年時期，女生會比男生要早熟個兩、三年，如果只是當同學還無所謂，但如果談戀愛做男女朋友，女生會覺得男生太幼稚，而男生會感覺沒辦法弄懂女生在想什麼，這樣做男女朋友有點無趣，一下子就沒勁。破壞同學對愛情的美好印象。

而且，對這時期的同學們來講，同性友誼無疑是比異性戀愛更重要的元素。我們不能被同儕孤立在外，欠缺同儕支持的孩子，內在支持系統往往比較薄弱，心理衝突與壓力比較大。交不到朋友或被排擠，有時會導致青春期少年不想上學或被霸凌，這常需要輔導老師與家長特別處理。與同儕互動，可以協助青少年了解家人以外的生活方式與價值觀，對青春期少年的社會化發展具有莫大的影響力。

太寂寞也會順手亂抓

回到青少年朋友的「戀愛問題」。追求與被追求，在人際關係沒有問題的同學身上也比較沒有問題，藉由觀摩與學習都可順利習得。

但有些在同儕間沒有朋友的同學，因沒有自信心而無法交往同儕、因自我封閉而更加剪斷友誼的建立機會。然而沒有朋友注定孤單，此時若有其他不太符合條件的異性出現，而且向這同學示愛或追求，很快就讓後者淪陷，落入注定不幸的陷阱裡。

同學們或許會問我：談戀愛看條件，老師會不會太現實？

但我在此提出的條件，不是有錢或讀什麼學校這類有形的條件；而是提醒：當同學寂寞得沒有防備的時候，這個問題多多的大叔，為什麼「竟然」吸引了妳？是真的以為遇上了真命天子？還是純粹是太寂寞而迷失了？

花仙子就是典型的例子。

她大二，單親家庭，母親努力擺檳榔攤掙錢拉拔她和哥哥。而X是媽媽和乾爹的朋友，三十八歲離過婚有一子需撫養，職業是鐵工，有隻眼睛受傷；上有媽媽和哥哥要養（媽媽可能年齡大需要奉養，但哥哥不可能老到需要他養，所以究竟是身殘還是精障，這是必須深究的問題）。看起來他的負擔很重，自己的身體狀況也不好。

花仙子說，X是會把快樂帶給他人的人，她每週都會返家幫媽媽忙，只要X人到一出聲，即使她睡著也會馬上起床見他；只要一週未見，心情便怏怏不樂。X還把賭博贏的錢給她吃紅，她都捨不得把那錢花掉。

他們會互傳簡訊，前不久他還在簡訊中說他喜歡她，害她不知所措。她不知要不要跟X交往？又不敢跟媽媽說，她媽曾說：只要她幸福就好，那她跟X會幸福嗎？

花仙子看來很寂寞，又缺乏同儕朋友，而X目前無偶，兩人大約已互相眉來眼去很久。X大花仙子快二十歲，她沒談過戀愛，因著X的一點小幽默而被吸引，竟考慮要不要嫁他？會不會幸福？

我想除了花仙子本身之外，任何人都可以看出若與這樣一個男子在一起，別的不說，應該會很累吧？他的工作很辛苦，但不知是否為長期僱用或常態性工作？比較有保障？他本身一眼受傷（算輕度身障吧）、很多人靠他，擔子很重，花仙子若跟他，一定非常辛苦。而且常常賭博的人，通常都愛賭，很難戒掉，往往會影響家庭與家計。

年輕的花仙子，應該定下心，在學校裡交些相同年齡的男女朋友，學著和同儕相處。並不是說X多不好，但談戀愛或結婚，總以背景相近者、適合度越高越好。否則剛磨合便會吵翻天，吵到後來連一點點愛都給吵掉了。何況，X本身的問題已夠多，連花仙子自己都看得很清楚，何必急著跳下去？

找個適當的人談場戀愛；即使結不了婚（初戀通常都不見得有結果），也不必急著跳火坑、把自己弄得滿身傷。

情竇初開傻傻鳥

我的戀愛有問題

這些年來，一直持續有許多青少年或年輕讀者，詢問有關愛情的問題，譬如：我很喜歡一位同校或同班女生，為了引起她的注意做過許多舉動（在此不贅舉），但她對我視若無睹，請問她是不喜歡我？還是有其他原因？又如：我與同校某男生互相吸引，經過一些歷程之後（如告白之類），終於成為男女朋友。他每天都接送我上、下學，星期日還會約我去看電影、到故宮參觀遊覽等等；可是交往一個月之後，他突然對我提分手，理由是要專心讀書，真是令人無法接受的爛理由！只覺他要分要合都好草率，一切都是他提了算，完全沒在管我的感覺。他說要在一起或要分手都很輕鬆，可是我卻好傷心，怎麼辦？要不要再和他談一次？我真的放不下啊。

另一類的問題，稍稍帶點情色，譬如：我們決定在一起的第一天，他便拉我的手；第三次到他家，就很自然的奔回本壘；可是，以後見面就一定會做那件事；雖然我不是真的討厭做那件事，不過覺得兩人在一起，至少要有情人的感覺，可以看電影、逛街、談談心事之類，而不是好像只為了做那件事似的……

少年之愛好短暫

另有人會問：要如何讓愛情的保鮮期保持久一點呢？很快上床之後，做愛就變成家常便飯，激情與情慾的需要當然會讓這種事擁有相當程度的快樂；然而這種快樂，相對來講也是非常短暫的，有的一、兩個月，有的拖過半年、十個月，竟然就因為某種突發性、莫名其妙的原因而突然分手，像是有一方突如其來無預警的罵對方不懂事、罵對方笨、嫌對方在別人面前讓他沒面子！而所謂的這些天大地大的分手理由，其實早在雙方最如膠似漆時就已頻頻發生，但當時非但沒被那些事惹惱，反而又憐又愛的把惹禍的一方摟在懷中疼惜一番的情人，現在竟因相同的事而大發雷霆。

所謂此一時彼一時也，但顯然先發制人的那一方，早就在心裡嫌棄對方一陣子了。只是他可能也沒那麼明確的知曉自己心意的轉折。只是現在煩悶到不惜能夠先擺脫掉眼前已然變成最大煩惱源的對方罷了！

但也沒人去進一步思考這件事：我真的愛他嗎？還只是迷迷糊糊的以為自己愛她？我是真的相當喜歡他——我是……應該有三分或四分喜歡他吧？只是當時，我感覺自己好像更喜歡七班的那一位，只不過向七班的告白時被她打槍，一口回絕，完全沒有絲毫可以轉圜的空間；再隔一天，我有機會向三班的那位同學告白，後者竟然答應了！我當然覺得高興，外加一絲絲對於剛敗在七班那位扳回一城的感覺……但也很難分清楚，我真的有多喜歡七班的一點嗎？後來和三班的好了之後，我其實也有好一陣子都沒想過七班的……

更後來，忽然我就對自己有些厭煩，想到每天要找個安全的地方抱抱對方就有點煩；有時還情願跟班上的男同學報隊去打球……我想我還不太確定，國三就有固定女朋友是不是一件好事？有時想到要和同一個女孩子繼續持續下去會有突然的一陣不寒而慄，十年？五年？感覺還真是可怕！但只要在一起，我們就會做那件事，好像有魔咒一般，更像是一種習慣！

最近，我覺得三班的有點煩，也算幼稚，她一直講她們班的另一個女生的事，揶揄那個同學其實已經和男朋友上床——這難道是個明智的女生該說的話？我們不是也該想想自己？她一直講一直講，講到我最後的一點耐性都沒了，我對她稍稍大聲的講了一下，她就哭起來，講了很多這個那個；然後兩個人就講到分手。我回到家，有點難過分手這件事；但很奇怪，也有鬆了一口氣的感覺。為什麼呢？愛一個人好像很容易，但不愛，似乎也並不那麼困難。就像有一次我告白失敗，爸爸鼓勵我的話：「男人只要條件好，女人就會靠過來。」或許我現在應該把心思放在課業上，不、也不完全是這個意思啦，多想無益，最起碼現在輕鬆不少，反正馬上就進入高中，再一個月，就不必為了還每天在校園裡遇見三班的那種尷尬而有點不自在了。

舉這些模糊的例子，就是在表述「愛」和喜歡是兩回事，你可能會對一、兩個異性同時產生興趣或喜歡，然後鼓足勇氣告白，而居然就成功了！在苦悶的求學生涯裡，「談戀愛」基本上是最大的救贖，誰不卯足勁全力衝刺？說是愛還嫌太早，但喜歡是一定有的；當然後來加進了性愛，青春期的性衝動得到對象滿足，你喜歡那種感覺、也得到一種抒發，但或許年齡太小，只喜歡在一起的感覺，在情慾裡得到快樂，可現實裡是有很多煩惱，四周充滿反對你們的人：爸爸媽媽叫你好好讀書，現在的正職是讀書、任務是讀書、人生的目的也是讀書，完全還不到交男女朋友談戀愛的時候；班導更是極力拚死命反對，唯恐你們引起森林大火，沒有任何消防隊救得了火。說起來也不錯，你們對你自己身內、心上那幾把無名火一點自知也沒有，你們從不知道那幾把火，威力有多驚人！愛也驚人、氣也驚人，你們還沒見識它們如何自燃，又如何把大人燒得屁滾尿流！你們以為只要在一起就好，可是不明白為什麼雙方有那麼多架可吵？有時還真是話不投機半句多，真的像一個來自火星，另一個來自水星一樣，不知對方在說些什麼？叫人充滿挫折！你們也沒聽過愛需要學習，也不知道怎麼去看一個異性的核心價值和附加價值有什麼差別？你們還不到要認真選擇伴侶的時候，只不過好奇、喜歡戀愛的甜美，在青春的森林裡，滿天肥美的鳥兒在眼前啾叫飛翔，你沒練過鎗法，但在那麼豐富華麗的獵場，你忍不住舉起槍，亂槍打鳥，居然也給你射中了！湊成對的兩隻小笨鳥，歡歡喜喜要相擁比翼雙飛，卻處處互相掣肘、絆倒、干擾！好惱人喲！

我不會說這種初戀是錯的，事實上，這是愛情或人生路上必要的試飛之旅！你們會犯錯、會迷航、會沾溼羽翼、會遇到風、淋到雨、會找不到樹枝可棲息，如果沒遇到更大的風暴，我相信這試飛之旅一定會有正面的學習心得。

如果，能加上一點導航和野外求生手冊，那麼，隨著你們更長大更成熟更多與人生周旋的機會，你們會愛得很豐富。

妳不想做就該拒絕

我現在想提醒同學們的只有一件事，非常簡單、卻也非常重要。那就是：即使追求告白之後，兩人進入交往階段，因為接觸較多不免會引發體內荷爾蒙的急速作用，當男孩想更進一步發生性行為或要求女孩提供其他像口交之類不同的性服務時；女孩沒準備好、不願意不想做，都應該明確拒絕；不能為了害怕對方不爽、影響往後交往關係而勉強屈從、不敢拒絕。

為什麼呢？從現實面講：發生性關係，並不如女孩子想的那樣「有功效」，以為只要妳服從男孩子的性要求，你們的愛情關係就會順利的持續維持下去。相反的，當妳不顧自己的意願、心理、情感或任何不安的因素，努力迎合對方的要求，男孩不會感激，只會以為妳也願意，這是當然而自然的事；一次的滿足之後，接下來將是更尋常更高頻率的性行為；以及過早折損的「愛情關係」。女孩本身，在兩人關係裡更會產生較低的自尊和安全感。

從女孩心理層面看，我必須提出一個更懇切的呼籲：認為性關係會鞏固愛情關係，絕對不正確！尤其當妳自覺內、外條件都不夠吸引人時，當認識不深的男伴要求任何形式的性行為，女孩很容易覺得自己必須有報恩心理——報答男伴「選上」她而勉為其難的回應他的性要求！愛情不會因為同情而產生，更不會因不平等而存在！只有雙方愛得平等互惠才會持久。而性愛，有愛才有性，有尊重才有愛，想要用性回報對方或綁住對方，更是緣木求魚，絕不可能！

不自愛哪來愛情？

案例：

前不久，某大學校園發生一件無知又荒唐的跳樓事件，這件差堪稱為鬧劇的實際案例，雖然有男女主角，但絕對與愛情沒有關係，相反的，甚至可以說是大大彰顯了人性自私、怯懦、想占便宜、不知愛惜自己、對愛情的認知錯誤、愚蠢等等負面醜陋之處。

事件很簡單，學長邀住在宿舍的學妹外出吃宵夜，但當時已過了宿舍門禁時間晚間十一點，學妹無法出入宿舍。

不知為什麼，吃宵夜這件事當時會變得那麼重要。如果是正常約會，任何時間都可以選擇，何必執意要選在出入都有問題的門禁時間？這不是自找麻煩？所以就有網友嘲弄式的說這學長分明別有所圖，不是想要好好交往，而是想以回不了宿舍造成既定事實，趁機和學妹上床云云——意思是吃宵夜乃餌，上床是實，不安好心。如果有誠意約人吃宵夜，早一個小時，十點鐘非常ＯＫ，要嘛明日再約也可以；卻偏偏在宿舍關門以後，慫恿學妹從二樓跳下，還信誓旦旦拍胸脯保證：「我在這裡，我會接住妳。」

結果這位可憐愚蠢的學妹真的就聽從學長的建議，從二樓奮勇往下跳了下來！

誰知，從上跳下的重力加速度實在驚人，這誇口要接住學妹的學長，一開始時，可能是真心要接住學妹；哪知見勢頭不對，衝力太大，不敢去接，竟然讓學妹硬生生摔在地上，摔成粉碎性骨折！

事發後，家長、輿論、媒體、網友，無不大聲撻伐那位學長：說什麼他叫人出來吃宵夜，根本就是黃鼠狼拜年、沒安好心；又批評他不像個男人，叫學妹跳下來，再怎麼危險也應該信守諾言，人家是把小命託付給你喲，怎麼可以臨陣脫逃？萬一跌死了怎麼辦？

我覺得網友們的說法，雖然有一點小人之心，但學長此舉也難逃瓜田李下之嫌，怎麼說呢？如果你喜歡一位女生，她又是同校學妹，正常來說，只要你情我願，碰頭約會的時間非常多，何必急在一時、一定非要學妹在宿舍關門後硬是涉險出來？明天、後天都可，有什麼必要因素非得在那時那刻違規兼冒險？即使撇開學長一開始有無此種心意不談，至少找人約會也必須尊重對方，哪有強人所難非要別人違規跑出來？

還好這件事最後沒更大的傷損和悲劇！希望傷好之後，對雙方當事人，還有所有年輕朋友都是能記取教訓的「正面」事件，讓大家在愛情的複雜性裡學會某些事情。

網路上對學長的批評都有道理，但是，我要請大家從另一個層面思考——就是女孩子的想法和態度。又不是被人脅迫，妳自己的判斷力在那裡？一碰到男女情事或可能有機會發展成的愛情、或根本不可能有明天的「愛情」，大家全就失去判斷力了嗎？是否一沾上愛情，大家的判斷力都頓時斷電、變成腦殘？

還有，對於這個男孩子來說，遇到事情真的如你自己所想的，你可以負責任嗎？你是否需要更謹慎的評估自己的力量？在還未確定之前，我們是否應相對更敬謹的對待異性，更愛惜自己和對方的身心？

不懂得愛自己的人，很難得到別人的愛情；即使得到，也不易維持太久。從另一個角度來說，談戀愛，必須從自愛開始，唯有你愛自己，別人才會重視「你」，才更能尊重一個不能隨便對待的對象；如果你連自己都不愛惜，別人憑什麼要尊重你？當然，愛情的成熟與圓滿，有許多因素與條件，不是你尊重愛惜自己，愛情就一定會成功；但是，你一旦不愛惜自己不尊重自己，那麼，也沒有人會愛惜你的——自愛是愛情的先決條件和必要條件。

愛自己，必須打心眼裡認為自己是非常珍貴、值得珍惜的；是不能隨便、也不能被要求作無謂或奇怪犧牲的（如果你做了，換來的，將不會是感謝或尊重，而是過眼即忘的輕忽與捨棄——男女都一樣）。

對方是不是愛你或夠愛你，也可以由他是否愛惜你這一點來準確判斷。

上述那個案例中，不管學長懷著怎樣的心情來邀學妹跳樓吃宵夜，我的判斷是「求一時之歡」的想法遠遠大過長久交往的意圖。所以，學長的心態固然是可議的，但學妹的判斷力又在哪裡？一個尚不知是否有可能發展成愛情的男孩的不情之請，竟要女孩罔顧校規和自己的安危，付出那麼大的代價，對女孩而言，至少應該考量幾點：如果他真心喜歡我，會要我如此涉險嗎？如果還不能證實我們之間的愛情，我幹嘛照做?!即使我們真的相愛，做這樣的冒險對我們的愛情有什麼助益？有什麼絕對必要性？為什麼他開口作出如此不利於我的要求？我是否必須重新審視我們的感情？而且，跳樓如沒有足夠的安全措施，很容易發生危險，這是普通常識。重力加速度，也屬於普通常識。輕身涉險，錯在自己；輕易承諾，罪非別人。

很多女孩，對愛情完全沒有拒絕力，對男方的予取予求幾乎照單全收，她們唯恐一旦拒絕，對方就會以此質疑她們的感情，作為分手或劈腿的理由。我必須殘忍的說：以愛情為名，向交往的對方提出過分犧牲的要求、太非分的奢求者，那份愛都是虛假的、稀薄的、慘澹的、已逝的或即將失去的。答應作那種犧牲，結果和不作那種犧牲，幾乎完全沒有兩樣，只是你們兩人關係結束的時間有早晚之別而已。講明白一點，對方對妳無愛，他只是利用妳對他的感情幻想、博取他自己的利益而已。

過去我便提過很多類似的例子，在此我再簡略提示一、兩件：並不是每一對相遇的男女都可發展成堅固的愛情、也並非每一樁愛情都不會變色；變色的時候，往往有一方不知不覺，要到很久才會發現或感覺，而對方如果心術不正，常利用這種感情遂其所願……有一個我提過的前例：一對情侶，男外地服役，女在台北工作，男的每月卡費和零用錢幾乎都是女友付的；雖無明證，但女的隱隱然懷疑男的另有女友。後來女懷孕，要求結婚，男的居然提議：他有友人在開酒店，聽聞女人懷孕時酒量會變好，所以希望女友趁懷孕初期去酒店當大酒妹，一個月可賺十幾萬，賺個三、四個月，這樣結婚基金、生活費都有了！女孩居然還聽信他的話、準備照做。難道愛情真的令女人那麼盲目？還是連品質這麼差的「愛情」都害怕失去？

先不談懷孕不能喝酒這件事，如果一個男人真的愛妳，會叫妳去做酒女養他嗎？如果妳胡亂瞎猜疑，為什麼不破釜沉舟確實證實一下男友有沒有劈腿？如果「愛情」從一開始就這麼危機四伏、連自己也不看好、連該有的尊嚴與立場都保不住，往後只會更壞、不可能稍好，妳還相信這種愛情嗎？是的，妳滿心願為愛犧牲，以為犧牲可以得到感謝、可以鞏固愛情……但妳錯了！如果妳連自己都不珍惜，不該扛的都扛、不該涉入沉淪的全都為對方赴湯蹈火，妳所犧牲出賣的自己，很可能包括靈肉、身心、尊嚴、優雅、高貴、獨一無二不可替代性，扣掉這些，妳還剩下什麼，值得對方繼續愛妳？妳失去的，對方可以在新的異性那裡得到；但妳所失去的，自己卻是再也找不回來……愛情的質素很多，但不包括感恩與懷舊；也不包括債權與債務的共存！

我所知道的另一位愚蠢的少女，十七歲時愛上一位大專生，後者非常好賭，賭輸就揍她一頓；沒一年賭輸一身債，債主追討甚急。男生對她說：「妳愛我就幫我，妳可以幫我還債。」他所謂還債的方式就是替她仲介嫖客，由他負責找客人、過濾客人、談好價錢；再由她接客。

將近兩年，她不僅替他還完債，還讓他過了段奢華的日子。最後分手是因他又找到另外新鮮的女生。她大吵大鬧，尋死覓活；他一句話封死了她的嘴：「妳那麼爛，我怎麼可能再留妳？」好像「爛」是她與生俱來，與他無涉。

那女孩繼續活下去。還好終於明白：「我為什麼這麼笨？聽信假話當情話？」她不是爛，只是笨，以為情人任何過分的要求都是愛——如果他真的愛妳，那他不仰仗妳、又能仰仗誰？

但是啊，愛情是這樣的，要先有智慧判斷，再來談可不可以講義氣。

你曾經愛過我

人生有兩大課題，其一是如何幸福，另外則是如何給人幸福；幸福與否，當然有幾個指標，其中一項尤其重要，那就是如何愛人與被愛。

看似簡單的「愛」字，認真追究起來卻未必很容易，否則不會幾千年下來，代代騷人墨客都以愛情為主題，寫下許許多多動人肺腑而內容情致兩皆不同的詩詞小說。

分析起來，圓滿的愛情故事結局，往往難以動人，要嘛必須歷經千難萬苦，種種折騰和磨難之後，最終得以有情人終成眷屬，這種情算是次品的；在文學傳頌上，常是那種有情人卻勞燕分飛或生離死別或天人永隔或此情可待，才是最最上品，像梁祝、像羅蜜歐與茱麗葉、賈寶玉與林黛玉等等，此情可問天，只有在斷定分手後的定局，愛情才得以展現威力、具現偉大。並不是人們愛看悲劇，而是愛情在廝守後往往瘡痍滿目，無可稱道；唯有失去，才能成就它的圓滿，也才值得傳頌——雖是事實，說來卻也遺憾。

愛情的失去，有很多因素，不過大抵不脫主、客觀的阻隔。所謂阻隔，又分為人的阻隔與事的阻隔，情變與負心都算在裡面。不過，我個人覺得，「錯過」才是愛情仳離錯位的元凶。

最近聽了一位民歌手親口所說的一段愛情故事，覺得滿悽惻的，雖然沒有驚天動地的情節，但聽起來讓人有泫然欲泣的傷感。

二十多年前，民歌正盛，許多校園學子，參加這樣那樣的歌唱比賽，也參與了民歌風起雲湧的盛會。當時有很多人在演唱之外，自己也兼詞曲創作人，很出了一些才子才女。

我要講的這位會唱也擅長作曲的才女，嶄露頭角是與大學同學合唱，那位同學作詞她作曲。進入歌壇後，她與一位當時已極成功的音樂人談戀愛，兩人相愛相守六年，可是卻聚少離多——並非是不在同一個地方或城市，而是那位音樂人忙到很少有時間陪她。

正值青春年少的民歌手，成功的情人忙碌如此，當時她無法體會人到了一個事業高度時那種身不由己的苦衷；而情人也無法適時撥給她偶然相伴的有限時間，只是仗恃著兩人多年的感情，認為就是如此繼續下去了！

誰知，當時歌壇有位痞子歌手，人長得帥，又擅於甜言蜜語，對這位寂寞的女歌手展開猛烈追求，讓她陷入兩難。她向情人提出分手（其實是向他求救。她管不住也分不出迷惘的感情、不知該何去何從，當時只要他熱誠一點、或一句挽留的話就可以將她留住……），而他卻不以為意的說：「我們不可能分手的，幾年來分過十幾次都沒分成……」她向他下了最後通牒，他回說：「我會等妳到早上六點，過了六點不回，我就知道妳已作了選擇。」

那一晚，女孩並非留在新情人那裡，而是這裡混那裡拖，希望讓時間來幫她決定。六點十五分回到情人住處，情人已經走了！她恨他連十五分都不肯多留，負氣離開，閃電嫁給痞子，又閃電離婚，然後隻身飛往美國放逐自己。誰知有人強烈追求，她抱著這樣也好的心情，嫁給這位餐館老闆。

十多年後，音樂人另娶，雖然恩愛，他卻在數年前罹癌身故。

民歌手向我敘述這段往事時，兩眼漾著淚光。是啊，又是一段互相錯過的愛情。怨誰呢？

面對分手

許多人都不知道，我們的一生，其實都不斷在面對失去的狀況：小時候，我們往往必須面對因為搬家而失去好朋友和好同學的遭遇；我們還必須面對失去最心愛事物的難過，我小學二年級時，父親送我一個非常漂亮的粉紅色進口鉛筆盒，第二天帶到學校去就被偷了！我不能檢查同學的書包，所以阿Q的期待會在放學路上的某一個地方找到它（我但願它是被我不小心給掉在路上了），因此我像發瘋一般一次又一次的來回搜尋，從中午放學一直找到黃昏，那種憤恨與不甘心的感覺，到現在都過了幾十年了，回想起來竟然還清晰的感受到那種痛徹心肺的苦。也就那一次，讓我首次了解，有人會覬覦別人的事物，並且占為己有；同時也讓我明白，心愛的事物有時可能因不小心不注意而永遠失去，不管你多麼難過不捨……

隨著年齡逐漸增加，人更會失去許多珍貴的事物，例如機會、財富、工作、健康、器官（我就割掉盲腸和左側卵巢）、愛、親人、重要的人等等。因此，人活著，雖然也不斷得到各式各樣的東西，卻也無時無刻不面對著失去的狀況。所以說，失去雖非常態，卻也十分尋常，我們無法對它視若無睹，也不能老是敗在它的傷害之下。我們應該正視它，並學會療傷止痛；甚至在失去過後，得到警惕與經驗，讓自己變得堅強，足以應付往後的驚濤駭浪。

失戀

談到失去，不免就會提到失去的愛戀。像愛情一樣，在這社交如此頻繁、男女碰撞有如風拂過樹梢的時代，我們一生遭遇的情變，一定也和遇到的愛情一樣的多，各位如果不相信，可以想想：有多少人是和初戀情人結婚的？尤其較早發生初戀的人？

為什麼？原因大約可以從兩方面來講，一是從愛情本質來探討。正如我一再說的，愛情絕對會變，因為愛情最大的特性就是變。這也就是近來坊間喜歡討論「愛情的保鮮期有多久」的原因。人們確實感受到愛情不易維持的壓力。過去傳統社會裡，女性通常足不出戶，未婚者學習琴棋書畫、女紅等等，為未來嫁作人婦作準備；已婚者相夫教子，也是足不出戶；既已定親婚配，自此便從一而終，再不變卦。男人的天地相對性很寬廣，他們有機會碰到歡場中女性，或功名高中後，有高官會將自己女兒許配給他們。但是，元配總是元配，若要休妻，沒有好的理由還是會被輿論鞭撻。在這種情況下，愛情要變沒那麼容易，大多也能相守到老。換作現在，即使只是擦肩而過的異性，都可因邂逅而有情，愛情充滿了試煉和挑戰，也充滿「變」的危機。

可以說，只要有機會和意願，愛情就可能會變化或變心，不是你變，就是對方變，情變當然緊接著就得面對分手。

從另一方面來看，愛情會變是「人」的關係。一個人，隨著年齡、環境的不同，種種觀念必當跟著轉變，對愛情的看法亦當如是；所以，年輕人瞬息萬變，少年、青年到完成學業、出社會做事，所有的想法、看法緊跟著變化，對愛情和喜歡的條件，更是不知不覺在改變；也許還來不及意識到自己的改變，而感情卻早已轉移目標先行偷渡了。

「變心」基本上不是罪。分手，往往也情非得已。但分手時的態度與作法適當與否，卻會影響對方和自己的心情，有時甚至影響對方的生死，不得不慎。

想要分手，給對方一點時間和空間

之前我談分手，把重點放在被要求分手者的承受與復原。但我現在要特別強調先提出分手者的作法。因為很多被要求分手者，往往都是必須在極短時間內，同時承受被要求分手的痛苦，以及目睹情人與新歡同進同出的不堪羞辱。這兩種極端的難堪，往往令被要求分手者難以承受，有人一時招架不住，很可能想不開而做出傷害自己的事。

在愛情之中，先要求分手的人，一般都是愛得比較少，同時也相對游移者。愛得少的人本來就享有比較大的自由和比較多的選擇；而且因另外愛上別人而想分手的人，通常也無法將心比心，設身處地想想對方眼前的處境與心情。既然都說好分手了，要求分手的人自以為已交代清楚而理直氣壯，恨不得盡快擺脫舊情人，飛奔前去與新情人雙宿雙飛；根本無法理解一個人被拋棄時的震撼、不甘、傷心和無與倫比的痛苦、脆弱；所以他也無法了解舊情人看到他和新情人手拉手一起出現在校園中時，那種如矛當胸刺下的極痛與極度羞辱！或者這樣說吧，他也許想過，但並不特別在乎這種事；他認為這是被分手的對方必須忍受的事！何其殘忍！又何其絕情！

如果你們曾經愛過，曾經真心一同走過一段路，請留一點點善意給對方，至少兩、三個星期內別和新人一起親熱的出沒在你曾和舊情人經常一起出現的場域！請給對方留一絲絲可以喘息的空間、給他一點點最後安全的空間，幫助他盡快自情傷中恢復過來！這是曾經愛過的人最起碼的溫柔與善意，難道相愛的那幾年，不值得你如此做？

我知道你的新歡或許會不高興，但我覺得如果你要求並解釋，他應該會接受——至少這是你要求對方分手，理當付出的歉意。

兩、三個星期非僅不會影響你和新歡的感情，相反的，更能替你自己加分——讓你看來更有人性一點。

很多人在我們的生命中來來去去

被要求分手的人，一定會有很多負面情緒。被欺騙、被背叛、被羞辱、被傷害、被……，不甘心、不相信、不想放手、不能接受……

的確！誰不會這樣想呢？

不過，如果我們看清楚所謂的愛情，其真實情況不過就是男孩離開女孩、或女孩離開男孩，我們也許就不會那麼難過了！人家說：天下事分久必合合久必分，愛情通常是合久必分，除非結婚，否則不是此時分，就是彼時分；有時結婚後，男人和女人終究也是分開一途：不是生離就是死別。這是自古以來大家都明白的事。舉凡有愛就有分離，我們承受傷痛，再努力復原；再愛，然後會在某一次戀愛中修成正果，找到同甘共苦的人。

我們這一生，沒有一個人會從頭到尾陪我們走完全程，而是某一個人陪我們走一段、另一些人陪我們走另外一段；總是這些人那些人在我們的生命中來來去去、出出入入。那就是緣分、就是遇合、就是愛情或友情；他們的來去，在我們的生命中留下一些什麼、帶走一點什麼，有歡笑有痛苦。不管是什麼，我們的生命就是我們的生命，或許有加有減，但它就是我們自己的所有、我們的根，不能因為那些加加減減而跟著動搖摧折——我們還有自己的路要走，所有出出入入的人都是過客，傷害不了我們。

這樣的話，或者年輕人不見得完全了解；簡單的說，不管愛情如何甜美、如何摧心傷肝，一定要記得它是我們生命之外的事物，隨時會再來，不值得為它傷害我們的命脈。情傷一定會過去，只要大家聽我的建議，記住下列一些重點。

失戀復原首要就是千萬別獨自在暗夜哭泣。要找人陪伴、找人傾訴、找人傾聽。不要害怕失態或被嘲笑。

找什麼人支援或陪伴？最好是有幾個好友輪流陪伴，不分日夜，能有幾批人最好，不要逞強三五天就把朋友支開，情傷最難熬的是前兩、三個星期（當然會因人而異），所以這段非常時期千萬別獨處。

但是那股悶氣和哀怨怎麼辦？

先找學校輔導處的輔導老師，不管傾訴或被傾聽，輔導老師都是最好的人選。近年來我在多所大專院校演講，發現各校輔導老師都出自內心關懷同學，希望以他們的專業協助同學度過難關，是同學們可以信賴求助的對象。

康德說：「健康使人往外走、生病使人往內走」，反過來看也可以，如果能在同學陪伴下曬曬太陽最好，比總是悶在室內好多了。

此外，分手以後要有心理準備，不知什麼時候會撞見舊情人和他的新歡——一定要頂得過，他曾是你生命中的過客，現在已成過去，你把房間收回來了，現在正在整修——你把那段回憶暫時打包，現在不要翻閱了！他也不過是校景之一而已，你頂得過的！

分手比開始更重要

數年前，我曾在專欄寫了好幾篇有關愛的本質，以及分手的態度和ＥＱ等關乎基本教義的文章，希望在論述愛情的種種面目和變貌時，能讓同學們有所依循而逐漸明白兩性交往的真諦，並減少因愛情帶來的嚴重且非必要的傷害。

不過，撰文當時，不想因過度分析愛情的負面情況而影響同學對它的觀感，所以只是簡單帶到；有關案例也盡量減少。

但是，這幾年間，戀愛風潮詭譎洶湧、談戀愛的年齡大幅降低，情殺或愛情傷害事件大量增加，不僅震驚社會，也讓青少年們憂心惶惶，對愛情既愛且怕，不知該怎麼愛才能健康又平安？萬一兩個人不適合，中途走不下去了，又該怎麼平和的分手、既不害人也不傷己？

其次，到底那些不願分手、分手就要傷人性命或傷人名譽的危險情人有什麼特徵？

相愛的時候濃情蜜意，誰知道對方竟會成為危險情人？到底什麼樣的行為、何等癥兆就是危險訊號？

同學們或以為：校園裡大部分是純純之愛，應該不可能發生那種情殺或壞人名譽的事，那些都是社會上不成熟大人們的惡行，我們不必提早知道，更別說是預防了。

錯！

最近好幾件情殺事件都發生在校園：班對、校對、系對，天天相守在小小的校園之中，吵架、分手、劈腿、移情別戀，其實雙方形跡更無可躲藏；所以不甘、痛苦、憤怒的情緒反而更沒有可以緩衝的空間和時間，所以就更容易產生短兵相接的糾紛。

我現在要簡略提幾件愛情傷害事件，讓同學們了解可能的前因和後果，也才能明白提分手和被提分手者的心境差別，庶幾能以同理心去謹慎處理感情事件。

案例：愛殺！愛殺！愛不到就殺？

九十七年十二月間，台南縣致遠學院發生一件殘酷的情殺事件。就讀該校三年級的男學生洪琦，駕車尾隨分手女友劉芳瑜和她新男友共乘的摩托車，在眾目睽睽下，自後衝撞摩托車倒地，洪琦往前開了二百公尺後逆向迴轉，慢速輾過劉芳瑜，接著再倒車第二次輾過劉芳瑜；隨後又想輾壓摔倒在地的情敵顏同學，幸好後者跳上旁邊的安全島，所以只被衝撞上安全島的洪琦車子輾傷腳部；但是被兩度輾過的劉芳瑜卻因肝臟等多重器官破裂，在送醫急救後，於次日上午不治身亡。

洪琦兩度輾過劉芳瑜之後，停車打開車門，想將劉芳瑜抱上車子，準備利用前一天事先買好的沙拉油、木炭、汽油及瓦斯爐，帶著劉芳瑜自焚。這時在路旁的蕭姓和袁姓同學上前阻止，多名路人也一起上前制服洪琦，並且向警方報案。

洪琦和劉芳瑜是同班同學，本來是男女朋友的關係，但在情殺案發生的那年八月間，兩人感情生變分手，劉芳瑜另結新歡與也是同班同學的顏同學親密交往（到底是先和洪琦分手再另結新歡，還是因結交新男友才與洪琦分手，此事無從查考。不過，由後來所發生的各種事端看來，分手和另結新歡這兩件事，似乎是非常緊湊接續發生）。

劉、顏交往之後，看在洪琦眼裡非常受不了，所以常用言語或手機簡訊恐嚇二人；九十七年十二月十六日上午九時，洪琦因喝酒後在教室喧鬧，最後由校方送往麻豆新樓醫院就醫，隨後通知家長帶回台北。如果這時家人能夠更密切注意洪琦的動向、更緊密的陪伴，也許就不會發生後來的慘事了。

第二天，洪琦向家人佯稱要回麻豆取行李回家，一個人開車南下回到麻豆住處，那時他顯然已作下要殺劉芳瑜再自焚的決定，他先去買了沙拉油、礦泉水、木炭、啤酒、高粱酒和汽油，再找同學到住處喝酒。因為他剛發生過喝酒鬧事的事情，所以同學不敢讓他喝酒，勸阻他之後又把酒拿走。

次日，十二月十八日上午八點多，洪琦帶著汽油開車到劉芳瑜住處埋伏，看見顏姓同學騎機車來載劉芳瑜出門，接著就發生上述的汽車殺人慘案。

檢察官認為，二十一歲的洪琦無法處理感情問題，竟下手剝奪他人性命，手段凶殘，令人髮指，依殺人罪嫌將他起訴，求處無期徒刑。

洪琦的一生，相信至少有二十年要在牢獄度過（判刑未定讞，若是無期徒刑，假釋多半可少服一半左右的刑期），四十歲出獄，人生大約還有一半，不能說這一輩子都完了。只是，他本來可以有別的選擇。

至於他剝奪了劉芳瑜本來可以有無限可能的人生，不知是否有任何無形的處罰？

除了當事人之外，我相信至少有兩個家庭都毀了！逞一時之快動私刑，不僅無知，而且非常自私。

洪琦事件並非單一的校園情殺事件，更早有清華大學洪曉慧王水殺人事件，洪曉慧已經服完刑出獄，但她的人生相信也無法如她最早的期望。

最近才發生的一起社會情殺事件，男主角二十五歲，被殺的女主角則只有十九歲，因為男主角脾氣暴躁，動不動就發怒，做髮廊助理的女孩才決定離開他。男生也是預謀殺人，先到警局報案說女生在網路上毀謗他，由警方約談女生，男方則守在警局外等女方出來，撞倒她的摩托車，再騎在她身上，亂刀（二十五刀）刺死她。男生真是罪無可綰。

比起為情殺人，更多的是為愛自殺或自殘，這都是可悲可惜可痛的事。國人不太會處理感情事件，根據婦女新知統計，一年半來，戀愛暴力與情殺案件，平均每月有十四點七件，大約每兩天發生一起，三十六人喪命，波及範圍多達四百七十六人受害。顯示我們的社會有非常嚴重的親密關係暴力問題。情殺的兩大主因，第一是「對方提出分手」，占六成五二；第二是「對方另結新歡」，占一成二五。兩項合計七成七七——非常驚人的數據，也顯示國人「不能好聚好散」的嚴重問題。

廖老師建議

大部分會犯下情殺案件的人都具有「危險情人」的人格特質，只要在相處時稍稍注意都可以發現。

一、好妒

很多人都認為好妒是代表那個人非常愛你，所以情人好妒往往讓他們沾沾自喜；而且還可能誤以為嫉妒對兩個人的愛情會有加分作用。

其實一點點的嫉妒或許是正常的，但太多卻是一種危險的癥兆，尤其是如果對方的嫉妒並不是你造成的時候。

什麼叫作你造成的？

譬如：當你們交往到某種程度，你卻依然保有太多祕密，你在交往過程裡，從不認為自己必須向誰解釋什麼或交代什麼——你的我行我素，日久必會造成對方的猜疑。

大多數的情侶都需要適當的保證與鼓舞，所以，如果你們已是男女朋友，那麼，當你要出遠門、要去遠處旅行，應該報備一下。如果你已經盡可能讓你的情人得到慎重的保證，但還是無法消除他的妒意，也許你對這個好妒的情人就必須小心一點了，那很可能是危險情人的癥兆之一。

二、控制狂

他不但希望控制你的行為，也希望控制你的想法，你做什麼都需要經過他的同意，在這種過程裡，你會慢慢失去自我。他的妒意不但是一種病症，也是他的行為模式，在你們的關係中，對方隨時闖進來質疑東質疑西，那種瘋狂的懷疑，會大量消耗你的精力；他還會不停的侮辱你，讓你生不如死。

這種危險情人還可能這樣做：

1. 在三更半夜打電話突擊檢查。
2. 盤問你的朋友。
3. 對你的老情人充滿敵意。
4. 他搜查你的東西，也想搜查你的腦子。
5. 他不只威脅你，還說如果失去你就要自殺。

三、容易出現週期性、短暫且強烈的心情惡劣、易怒或焦慮的情緒。

四、最近跟人打過架、容易和人發生大衝突。

五、最近一再出現可能觸法的行為。

六、他不信任自己（多疑）。

七、不信任身邊的人。

八、最近曾有傷害自己的行為。

九、言行舉止常不經理性判斷，也不在乎後果。

十、不太允許伴侶或情人有自己的意見與自由。

十一、有暴力、酗酒、賭博或吸毒的經驗或習慣。

戀愛中的人，因為激情迷惑，往往選擇忽視看到的癥兆，所以才會忽視對方那些非常明顯的危險言行，讓自己陷入可怕的危險境地。戀愛時要張大眼，這是絕對必要的。

此外，我又要舊話重提，談戀愛還是要慢慢來，日常相處認真觀察，不要急著上床或同居，一旦進到這一步，即使發現對方是個危險情人，你想分手，對方只怕不會善罷干休。

分手的善意

緣起

我最近到北部某大學演講時，該校工學院院長告訴我一個非常令人痛心而難過、發生在該校應屆畢業四年級學生身上的悲劇。由於這起案例牽涉到年輕學子之間有關分手和被要求分手的種種態度、對應、療傷止痛等等層面，也關乎生命價值與愛情重量的諸般疑慮，所以我打算用比較多的篇幅，來談一談有關的各種問題和對應。在進入討論之前，當然必須簡單敘述一下這起事件。

案例：

（其實用案例談這種事，讓我覺得太輕忽，因為它是真真實實發生在一個年輕人身上，事過境遷成為案例，委實叫人不勝唏噓。）

男孩（我們姑且稱他為政哲）進入差堪滿意的大學和科系就讀，他家住南部，父親在當地鄉公所服務、母親是家庭主婦，十八歲以前一直在家鄉的中小學就讀，可算貨真價實的鄉下孩子，也是家中三女一男的獨子。

政哲考上北部大學，背負著父母的重大期望，負笈他鄉，住在學校宿舍裡。

正值青春期的政哲，即使沉默寡言、內向老實，但對異性卻也一直充滿好奇，更憧憬一段羅曼蒂克、純純的愛。但是他就讀的學校之前係以工學院立校，改制以後，也是男生壓倒性多過女生；政哲又是天生宅男型不擅交際，看到女生先畏縮一半、根本談不上話，所以一開始算是「乏人問津」，整學期下來，除了班上幾位同學和室友之外，只能以一匹狼的姿態，晃蕩校園。

兩個月過去，他在同班同學兼室友小朱的強力邀約下，勉強加入某社團，正好趕上參加期中考之後社團舉辦的一次兩夜三天大型登山活動。

就在那次活動中，他和小朱一起認識心理系的兩個女生：艾莎和尤玲。由於生長農村鄉下，對大自然和許多野生動、植物多有認知，政哲無意中信口說出幾種植物名稱，引來其他那幾個都市小孩的折服，一路上巴著他幾乎每事必問；政哲沒想到自己這些看似天經地義的「本事」，居然引起那麼多人的興趣，不知不覺也被撩起興趣，話多了些、人也幽默起來，多多少少便有點兒賣弄的樣子。

可因為他平常實在太自閉了，這會兒放得開，反而顯出了可親可愛，三天下來，他和小朱二人，都是與尤玲、艾莎走在一起，挨在一塊，登山結束，四個人好像就真的熟稔起來了。

回到學校不久，有天寢室裡剛好只有小朱和他兩人在，小朱意有所指的問他：「你覺得艾莎怎麼樣？」

其實登山時，小朱接近兩個女孩的刻意，政哲早就感覺出來，只是不確定小朱看上的是哪一個而已。他在這方面雖然既沒天分又缺經驗，但這一點點敏感倒是有的。

「還好吧，長得很可愛。」

小朱頓了一下，又問：「那尤玲呢？」

「也差不多吧。幹嘛？你到底要把誰？不會一次追兩個吧？」

「把你的頭！還把十個咧！我只是問你對尤玲有沒有感覺？如果有，我們就一起行動，這樣剛開始比較方便，不會被拒絕。」

在這之前，政哲倒是沒能看出小朱喜歡的是誰，艾莎和尤玲又如何呢？那幾天相處，雖然他講了不少話，不過都不是對特定的哪個人講的；而且由於陌生而不好意思，他其實不敢正面盯著她們看，只有不經意的幾眼，曾經掃過她們……

但是，出於一半對愛情的憧憬，一半覺得不想掃小朱的興，那之後他真的跟著小朱一起行動，用各種名目約了艾莎和尤玲出來玩；最後不知怎的，就演變成兩對各自行動。到了放暑假，他和尤玲已經有點難分難捨，起先他還回家鄉去，後來禁不起兩地分隔，他乾脆預先在校外租了學生套房，然後每天騎機車往返台北打工，藉機和尤玲見面。

大二開學，小朱與艾莎短暫交往之後，因為一些不為人知的原因而分手；倒是不被看好的他與尤玲，成為真正的「校對」。

大二、大三，然後大四，他們足足好了三年，雖然也吵架、冷戰、生氣過，尤玲怨他不懂女生、不體貼、不浪漫，但他確是從不懂而學習、努力，非常認真的想要對尤玲好……真的，他們一起做過很多人生的第一次，甚至互相見過彼此的父母和家人、相互不只一次的討論過未來的計畫，那當然是以在一起為前提……

緣滅

可是，大四開學後大約一個月，尤玲先是冷淡，繼而疏遠，然後在有一天突然對他說：她愛上了醫工系的一個男生，要求分手。

政哲一開始非常震驚，不敢置信，他一直問尤玲怎麼會這樣？他到底做了什麼？他們不是講好了未來要一起繼續深造？為什麼突然就一切生變？他要知道為什麼？

尤玲只是冷冷的回說：她不想回頭去向他解釋一切，她只能說，也許他們本來就不適合，只是以前年輕不懂，以為那就是愛……直到遇見了新戀情，她才發現自己錯很大……

尤玲並沒有花太多時間在解釋上，好像恨不得趕快結束她和政哲的談話，以及過往他們共有過的人生似的！政哲完全無法接受她把他當瘟疫、必欲去之而後快的這種無情的態度。

從被要求分手的震撼醒來之後，他變得無比心痛和傷心，他不能就這樣放她走，他打手機給她，她連接也不接；他去找她，被她擺了最難看的臉叱責：「我已經說要分手了，你應該像個男子漢祝福我才對，不要再來纏我。那樣我很為難的。」

那麼他們的過去像什麼呢？他們之間並沒有劇烈的吵架，這個暑假，他和她還一起到澎湖去……難道這一切都是假的？或者如她所說，一切都是錯的，一錯就將近四年？

這樣的說法他不能接受，那等於是否定了他們在一起的四年；他不明白事情怎麼會變成這樣？他想知道真正的原因，否則無法平靜……

小朱和這幾年結交的眾多好朋友山頭、阿馬都和他租同一間公寓，知道這件事，不約而同都來陪他，有勸他的、有聽他說話的、有陪著他一起買醉的、有晚上擔心他孤獨一人想不開而在他房裡打地鋪的……整整一個多星期，這些真摯的友誼溫暖著他受創的心，一日日的，他覺得自己好像好了一些，不再想要一個解釋；雖無法真正平靜，彷彿還有點傷痛，不過能感到肚子餓、不再覺得噁心，是應該靠自己療傷止痛的時候了！朋友們也有自己的事要忙，他不能老是靠他們。

就這樣，阿馬和小朱被請回去，他們都確實衡量過他的狀況才放心回房去的，而且在離去前不斷叮囑他：「有什麼事就叫我們，任何事都可以……難過的話就來敲門。」

絕命

好友離去以後，政哲決定到外面吃一碗麵。他騎上機車，感覺到自己將形單影隻好一陣子；這條路，在過去三年，他和尤玲走過多少回，每次她都抱住他，緊緊的依靠著他，如今卻……

他騎到經常去的一家麵攤，車剛熄火，正要下車，卻見尤玲和一個男生親暱的坐在較遠的一桌，她正挾起一塊豆干塞到男生的嘴裡。

政哲的血液在瞬間凍結，幾乎從機車上摔下！

他咬緊牙根，用盡全力發動機車，掉頭而去，然而，沒騎兩步便全身顫抖、熱淚奪眶而出！

她怎能這樣？兩星期前，他們還熱情的親熱過，但三天後，她竟來對他提分手；而他剛剛目睹了她對那男的做著三年來慣常對他做的親熱舉動，叫他如何去相信她情感的真假？移情也就罷了，怎會說變就變，那麼叫人措手不及！

他或許終究得走過她的背叛，但叫他如何神色自若、視若無睹的在校園的任何角落，冷不防衝撞上她與新歡的親熱戲？

她當他是個人嗎？這樣凌辱他、這樣無視於他的存在！連一點點念在過去的情分都沒有！

壓死駱駝的最後一根稻草，正是這不留餘地的絕情。才剛邁出復原的一小步，卻當胸被刺穿心臟！政哲在這一剎那間徹底崩潰了！

就在這缺乏朋友關注的情況之下，無意中受了致命一擊的政哲，腦中除了混亂和悲傷的過去，再也容不下其他！

他去街上買了木炭，在最失序的夜裡結束自己年輕的生命。

在他下這個決定之前，他沒有多想一下這世上許多真正愛他、關心他的溫暖；他也來不及提醒自己，失戀這件事可以說是人人必經的一件事，哪一個人在一生中不曾狠狠的被愛傷過、被情害過？愛情固然重要，其實從沒重要得勝過其他真正重要的事，因為我們在一生當中的不同時候，會遇見不同的異性、一起陷入情網，在今天這個社會，應該沒有哪樁愛情事件傷得了我們，因為，沒有這個、也有那個，這世界上到處都是在追求或等待愛情的男女，只要認真想要，不會找不到可以愛的人，不會陷入絕境——失戀哪值得我們用生命相殉？尤其是為那個背我們而去的人！

廖老師建議

在這裡，我想嚴正的告誡年輕朋友：分手有時不可避免；不過提分手的那一方，切記一定不要做得太沒有人性、太不給對方留點餘地和面子；最少不要今天提分手，過兩天或甚至無縫接軌的馬上和新歡出現在你和舊愛經常出現的場域，你明知道有多大的機率會碰到舊愛！如果你曾真心愛過舊人，最少要給對方幾分存活的時間和地域！如果連這一點體恤也做不到，那不但有損自己的陰德，如果因此還傷到對方，在漫長的未來，真的可以保持平靜嗎？

在父母的婚姻看到背叛

暑假裡，偶然在電視上看到一部以《那一年，我們一起追的女孩》走紅的陳妍希早期所主演的片子《初戀風暴》，無聊亂轉剛好看到，好像是女兒撞見母親外遇，很想向父親告發又開不了口，所以找好友陪伴，兩人一搭一唱權充徵信社去追查母親外遇的情節。題材有點沉重，所以我沒看下去便轉台了。這一、兩年，我因為在某報開個婦女專欄，專門幫助女性面對或處理各種棘手問題，來信者限定為女性。結果卻有許多父母婚姻發生問題的青少年，身心受到嚴重影響，甚至想跳出來幫助遭到背叛的父或母反擊。

老實說，青少年正值躁動不安的青春期，本身煩惱已經夠多，卻還得應付父母在婚姻中的不忠所造成的破壞和傷損，那種痛苦，有時還比當事者更甚；更糟糕的是：背叛的與被背叛的父母，雙雙只顧著自己的快樂或哀傷，把這些情緒毫無保留的展演給兒女一覽無遺，讓他們無辜的領受這所有的殘酷，實在太不負責任了！

但是，父母的婚姻問題，做兒女的到底要不要參與？要參與到什麼程度？是拿主意呢？還是幫他們作決定？或是乾脆置身事外、全然不理，讓父母的婚姻自生自滅？

有些青少年子女，表面上雖然沒有攪進父母的婚姻糾葛中，但心裡卻是暗潮洶湧、像被火燒、被水燙，一刻都不能平靜，恨不得挺身而出、一舉把「大局」搞定。

這真是太為難才二十歲左右的青少年了！

碰到這種情況，做子女的青少年應該怎麼辦才好？

我想舉個很典型的事例，幫助青少年釐清自己的處境，用比較冷靜的態度走過這種困境。

霜霜的懷疑

霜霜家有兩姐妹，她排行老二，十七歲，高二；上有姐姐恬恬，十九歲，在外地念大學，所以平時家中只有爸爸、媽媽和她三個人而已。

自有記憶以來，家中的經濟來源，主要都靠媽媽，早期媽媽和阿姨合夥經營一家小麵館，生意好得不得了！若不是後來阿姨家搬遷到高雄，人手不夠，小麵館不得不另聘兩個人幫忙，乃至利潤減少很多，不然家裡的房貸老早就可以還清了。

那老爸閒閒為什麼不去幫忙？

這話問得好！老爸本來就是個定不下來的人，年輕時跟著大伯父去做土木師傅，半路出家，又不是很認真，始終無法領師傅工資；加上又沒長性，逐漸就不再被大伯父信任，後來索性就分道揚鑣了。

自那之後，爸爸就沒認真幹過什麼正事，常常和三朋四友吆喝相聚，說是商討什麼了不起的合夥大計，結果總是雷聲大雨點小，吃吃喝喝是事實，其他都是假的。這種吃喝喝的日子，也不能總是吃人家的，所以也就經常向母親伸手，因此，齟齬吵架就跟著成為家常便飯。除了錢的事讓人操心之外，霜霜印象裡，依稀還有老爸在外交女友有小三的事。只是那時她和姐姐年齡都小，究竟前因後果、詳細情形是怎樣，其實也不甚了了。但那畢竟是過去的事了，霜霜認為舊事重提會傷母親的心，所以從未問起。

若非最近爸爸形跡可疑，讓霜霜明查暗訪抓到一些蛛絲馬跡，勾起為辛苦工作的母親抱不平的心，爸爸的那些陳年往事就不會再在家中被她們母女提起。

原來霜霜注意到爸爸添購了一支新手機，家裡沒有人注意到這支神祕新手機，當然也就不可能知道它的號碼。

霜霜之所以知道，其實也是爸爸自己形跡可疑，洩露了機密。

那是七月初剛放暑假的時候，霜霜無意中發現爸爸鬼鬼祟祟躲著家人講電話。之所以讓霜霜覺得鬼祟有好幾個原因，其一是打電話的次數實在太多了！多到引人側目。第二是只要將撥電話，老爸就會起身到離霜霜或媽媽遠一點的地方；第三可疑之處最最可疑，那就是平時老爸打電話，除了音量特大、幾乎可以掀翻屋頂之外；他使用的語言都是閩南語，而且常夾帶三字經。可是最近他用這支新手機打電話，不但壓低音量，語氣溫柔到不行，還特別例外全程使用他講得不太靈光的北京話。

不知怎的，霜霜直覺就認為老爸打電話的那一邊，鐵定是個女人，而且她不會講閩南語，和老爸關係曖昧。

霜霜如此不動聲色的觀察了老爸很多天之後，終於沉不住氣的告訴媽媽有關她對老爸的猜測：她覺得老爸在外面有小三，而且一定錯不了。

老媽聽完之後，完全沒有任何吃驚或激動的神情，只是疲倦的對霜霜解釋，頗有替爸爸開解的意味：「妳爸爸啊，什麼都不強，就只是強那張嘴，從少年到老，就憑著那張嘴到處挑弄女人……別理他就好。」

「可是，我記得小時候看過妳跟爸爸大吵，又哭又鬧的，好像就是因為他外面有女人……」

媽媽有點意外，遲遲才解釋：「那是好久以前的事了！他當時才幾歲，就像到處發情的公雞。現在不比從前，他都幾歲了？而且身上也沒什麼錢。外面的女人啊，不是要人就是要錢，他什麼都沒有，變不出什麼花樣啦。妳是放暑假太閒是不是？閒成那樣子，乾脆到店裡來幫忙。」

霜霜很無趣，覺得媽媽一點也沒有危機意識，還嫌她太多管閒事，有點生氣的說了一句：「妳別太大意，等事情大條，那就叫天天不應、沒人救得了啦。」

姐姐恬恬留在學校所在地打工，霜霜雖想和她商量，但遠水救不了近火，何況姐姐有了男朋友，不像她那麼在乎爸爸媽媽的事情，說了應該也是白說。

但霜霜不死心，她覺得自己至少應該替媽媽查明真相，不要讓外面的小三欺壓到媽媽頭上。

她決定開始具體的偵查行動。

霜霜的偵查

過了幾天，爸爸穿得比平時體面一些，在下午出門。

霜霜決定跟蹤老爸。

爸爸騎上那輛中古摩托車出門了！霜霜趕緊跨上自行車追趕，可轉了兩個彎就跟丟了！霜霜又氣又惱，在附近繞了好幾圈，正打算放棄，忽見一輛眼熟的摩托車停在不遠處，霜霜騎到附近，看車號正是老爸的機車。霜霜逡巡了一下，她知道那個店，是鎮上唯二的兩家「做暗」的色情餐飲店之一，裡面僱用了好幾個外籍女郎。

回家以後，霜霜忍著沒告訴媽媽。有了之前那次自討沒趣的經驗，她決定等掌握更多證據之後再告訴媽媽。

那期間，她又跟蹤爸爸幾次，確定老爸都是去那裡，只是不知他找的是誰；她想，知道敵人在哪裡就好辦，剩下來的就是耐性。

八月時，老爸去那店的次數變得密集，霜霜不再跟蹤他。可是證據卻自己找上門來……不，似乎也不能如此形容，應該說她運氣好，有一次心血來潮搜了爸爸的西裝口袋，看到一張婦產科看診收據，金額很大，項目是因懷孕出血之類而施行的流產手術。簡直是天助我也！有名字、也有老爸和那阮氏女「通姦」的證據，這下子媽媽不能再鴕鳥下去了！如果身為配偶的媽媽，連爸爸在外面跟別的女人有小孩都不管，那他們的家要如何維持下去？要如何不被破壞？她們做子女的不安、以及替母親感到的不值，為什麼媽媽會不了解？媽媽不是應該暴跳如雷才對？

那個晚上媽媽打烊回到家之後，霜霜把那張醫院的收據拿給媽媽看，媽媽看起來有點悲傷，但一點也不憤怒，半晌才幽幽的說：「其實我現在關心的只有一件事，那就是店裡生意好，收入能維持家用和房貸就好。其他一切像妳爸爸是不是有女人，是不是做了什麼？我根本無所謂——反正，他也變不出什麼花樣。」

霜霜不相信媽媽會這樣說，也不相信她不難過。但媽媽已經那麼操勞了，霜霜不忍再追究下去。但她實在好悶、好不甘心，對阮氏女和爸好生氣！可是，媽媽都這樣了，她還能怎麼辦？

廖老師建議

大人的世界很多事都非常複雜，尤其是婚姻。有時青少年朋友看父母的婚姻簡直糟糕到不行，在他們的眼中甚至認為乾脆離婚掉都比較快樂。但事實是，幾十年吵吵鬧鬧，看起來真的已沒有感情或感情壞透了，然而父母還是繼續維持關係、繼續吵架，只是不肯離婚。有時甚至其中一方做了壞事，而且「證據」確鑿；雙方還為了這事大鬧、揚言離婚……不過最後都像沒事一般，幾天前像仇人般箭拔弩張的兩人，現在居然如沒事般厚顏和解了。

做孩子的有時困惑、有時煩惱、有時憤怒、有時厭惡，甚至看不下去而想側身進去幫忙；結果是霧裡看花，越看越不懂。

婚姻本身是很複雜的機制，即使發生許多問題、過錯或某一方背叛，但除非有一方非常堅持的提出離異，並且堅持到底，不然通常不會輕易分手。原因很多，像考慮到孩子、家庭、經濟、慣性、生活的方便性、情感的依賴、親友的觀感、面子或某一方分手後的生活問題；當然還有其他種種牽絆。有時連當事人也拿不定主意，更何況是在局外的子女。往往子女滿腔熱情想替父或母分憂，結果反倒像是攪局，越參與越混亂。

我的建議是：父母的婚姻子女無力去管，讓他們自己去解決吧。雖然有很多大人混蛋到把婚姻弄得一團糟影響子女，讓子女恨不得替父母弄好，但說句不好聽的話：這種事，不在小孩能力範圍內，當子女不了解父母真正的困難和意願而想介入幫忙，反而給父母增加壓力與困擾，越幫越忙。子女能做的，也許只有把自己分內的事做好，也盡量讓自己的生活和心境，不受那種氛圍的影響與破壞。這樣就算是幫自己和父母的大忙了。

爸爸是性騷擾元凶

案例：

整起事件，對小茹的人生產生了無比破壞的力道，因為發生在自己的家庭與至親身上，自小開始、持續很長的時間，雖然真正受害人不是自己，但旁觀者的身分卻等同身受，讓自己從小就非常難過、難熬、難逃且難解，足足受苦一、二十年，到現在依然無法脫困。

話說從頭，小茹的媽媽第一任婚姻生下姐姐小芸之後，以離婚收場；後來又嫁給現在的父親，生下小茹和妹妹小芳。

姐姐大小茹五歲，雖然同母異父，但姐姐很照顧小茹，兩姐妹感情非常好。

唯一的遺憾是父親的劣行。

暗夜中無助的姐姐

小時候，小茹便目睹過許多椿親生父親性騷擾或企圖性侵姐姐的事。其中一件令小茹難堪的醜行還發生過好幾次，那就是父親偷窺姐姐洗澡的事。

這種事斷斷續續經歷了一些年，到小茹稍大時，姐姐曾企圖想向她訴說或求助，結果小茹由於年紀小，也不知怎麼處理，竟假裝聽不懂而放棄聲援姐姐。事後小茹覺得相當內疚，自己居然沒有在這麼重要的關頭幫助一向照顧她的姐姐。

父親偷看姐姐洗澡的事，後來好像母親也知道了！可是，母親並未處理。

此外，父親還做過更令人髮指的事。

曾有一晚，父親在夜裡偷偷潛進她們三姐妹的房間，拉下姐姐的內褲。由於姐姐掙扎，將小茹撞醒。但小茹也不敢張開眼睛或出聲喝斥，只假裝睡不安穩大翻身，嚇走爸爸。

那時候，小茹無法想像姐姐住在這個家是多麼驚惶而無依無靠，她只是避免去正視這件事，無可奈何的逃避著。那時她唯一能做的，便是看緊妹妹，緊張萬分的嚴管妹妹的服裝儀容，不准妹妹在家穿得太隨便或露太多。

除此之外，小茹沒幫過姐姐任何事。

小茹其實是害怕爸爸的。她一向和爸爸保持距離。只是在外人看來，她們家應該還算和樂吧。

應該處理和保護姐姐的是媽媽，但媽媽其實根本不敢處理與正視這種狀況；更坦白一點講，小茹認為媽媽在這方面對爸爸採取的是妥協和放任，媽媽關心的只有她自己與爸爸的婚姻。好色的爸爸有多次外遇紀錄，媽媽常嚷嚷要離婚，實際上是緊抓著這樁婚姻不放手。

說不定，母親或曾設想用姐姐青春的肉體拴住爸爸也說不定？小茹長大之後，心裡不時會浮上這個疑問。而這個想法也讓她顫慄不已。

姐姐二十出頭便結婚了，她放棄念大學的機會，很早就不靠家裡；也許也因連最親的母親和妹妹都沒能幫她，她不知還有誰可以信任？她算早婚，結婚生了女兒之後，她連短短的兩分鐘都不敢讓女兒與自己的繼父在一起，生怕遭到毒手。

後來，小茹到外地求學，不久也半工半讀，慢慢在生活上遠離原生家庭。

結果，慣性外遇的父親，一、兩年前又出現外遇徵兆。早已分房多年的父母，吵個不休，尤其是母親，再次嚷著要離婚，大家根本見怪不怪，沒人真正上心；但這樣把她與爸爸的婚姻問題攤在表面上讓全家受苦，又將她自己的情緒毫不避諱的污染到女兒們的身心，令全家受困於這沼澤，說起來是很不及格的。母親如要離婚，有太多理由、太多時候，都可以離婚，也早該離了！但她就是嚷嚷，不斷在女兒面前抱怨父親，傾倒自己的情緒！有時想想，做母親的還真是自私啊，尤其對姐姐而言，這種母親算什麼母親啊。

這一次，母親又故技重施、吵嚷著要離婚；父親照例矢口否認，事情又不了了之。但事後母親居然在小茹面前打電話給已婚的姐姐，忝不知恥且大剌剌的告訴姐姐她在爸爸的物品裡搜出潤滑油、保險套之類的東西，她直覺認定這就是外遇的證明，甚至在電話裡要求姐姐：「妳是老大，妳從小就知道他那些不要臉的勾當！也只有妳能幫我出頭，這次由妳作證，我叫他不能再閃躲！自己幹的好事，有種就不要否認……」

真不知道媽媽是怎麼想的？她難道忘記不過十年前，父親對「拖油瓶」、幾乎沒有人照顧的姐姐做過的事？媽媽從來沒能保護姐姐，甚至為姐姐擋一下的勇氣也沒有……如今竟能如此厚臉皮的、像吆喝姐妹淘般吆喝著親生女兒為她出這種丟臉的頭面？

小茹第一次覺得母親竟然如此無恥和自私！為了維護一己的情慾與婚姻，竟然還敢叫姐姐像個侍奉過同一個男人的女性般為她出頭？小茹第一次懷疑，難道姐姐曾被父親性侵得手過？所以她們的母親才會如此無恥？

她不敢想像那些無數個驚悸的暗夜，姐姐如何求助無門？理應保護她的母親，只看到自己的情慾與小痛，讓一個十多歲的小女孩、也是自己親腹生的女兒，擋不住家中的惡狼，求告無門度過多少年！

這個母親多可惡啊！

然後，小茹又聽到忝不知恥的母親繼續在電話裡告訴姐姐：「妳知道，他都快六十了，到現在竟還死性不改，這麼好色，我不跟他做，他就找別人，這麼大一把年齡，別人在吃齋念佛做公益，只有他，一天到晚想著幹那檔事——」

兩姐妹相約離家

小茹再也聽不下去了！她奪門而出，在外頭像無頭蒼蠅般疾走，走啊走的，想到無恥的父母和可憐的姐姐，想到懦弱自私裝無知的自己，不知不覺流了一臉淚……

最後，小茹打了電話給小芸，哭著說：「姐姐，我們再也不要管爸爸媽媽那些鳥事了！管了他們大半輩子，他們從來不知道自己有多自私、有多下流，又有多噁心……這個年齡還在講性需求，只關心自己，可曾想過傷害別人有多深……姐姐，妳還沒受夠嗎？兩個人都傷害妳，連我也沒幫妳，妳為什麼還要忍？還要假裝沒事般忍耐下去？還要……」

小芸後來也哭了。

那之後，小茹跑到小芸家互相抱頭痛哭，哭得好慘！好像要把過去不堪的一切哭個乾淨似的……

從那以後，好像要忘掉所有在那個「家」發生過的醜陋往事一般，小芸和小茹姐妹倆從此就沒有再回家過。小芸的心情能夠了解，再怎麼說，她都是受侵害的拖油瓶，她留在那個家，自始至終都是媽媽傾吐不滿的垃圾桶，老實說，忍耐那麼久，真是仁至義盡了！至於小茹，或許是厭倦了為同一件事吵鬧不休的父母親、或許是為了遠離那麼不堪忍受的家庭氣氛，也或者是要表達遲來的正義和同仇敵愾，總而言之，過去從未反抗的姐妹，此時用離開表達了她們最大的怒意。

那之後，姐妹倆就不曾回家過。母親很不諒解，當然也不了解，雖然小茹每週一通電話給母親，也在電話中向母親和妹妹小芳說明事情原委，但母親還是堅持「完整的家庭」。然後，在長期忍耐後，姐姐竟在不久之前，開始出現憂鬱症徵狀，情緒非常不穩；而小茹呢，她無法若無其事的面對父親，整顆心充滿著害怕、噁心、恐懼和排斥。

接著，母親也病了！姐妹倆還是遲遲未歸。

小妹小芳對於兩個姐姐不回家，非常不諒解。

但小茹還是拿不定主意。她曾和姐姐約好不回去，現在姐姐病了，她要怎麼向姐姐說明原委而不傷害或刺激到姐姐？或者如何把她帶回家？還是小茹應該自己先回去？姐姐病了，媽媽也生病，妹妹不諒解，小茹該一肩把這個家撐起來嗎？可是，她心緒好亂，不知怎麼做才能重新面對父母？如何才解得開這個難解的心結？

廖老師建議

整起事件皆因一對不良父母而起，父不父、母不母，導致這個家的破裂。雖不是親生的女兒，但再好色也不能性侵或性騷擾繼女。如果早已知情的母親能拿出勇氣對付爸爸，離婚或求助法律保護姐姐，至少能夠避免這個家庭悲劇。但母親為了一己之私而留下父親犧牲女兒，罪惡如同爸爸。

可是，小茹是不是也既自私又懦弱，但求自保或逃避，從不肯出手相助，假裝聽不懂、不知情，置身事外，對姐姐的水火伴作同情卻從不肯伸手拉一把。長大以後，她選擇約姐姐離家、乾脆什麼都不管，多麼自私！

我不是說小小的孩子都得挺身而出，直接對付父親的性侵惡行。但如果能夠聲援姐姐，三姐妹團結起來督促母親不得不採取行動，或許情況就能改觀，姐姐的人生也就會變得不一樣。不作壁上觀對於一個受害者而言，是何等的重要！

長大以後，約姐姐離家，把生病的母親丟給妹妹也是自私。都這時候了，回去探望母親，夥著妹妹一起商討照顧媽媽的事，或者要求父親也盡一份力，都是理所當然的事。只害怕負責任，不肯面對現實看問題，甚至還想拉著姐姐再和進去……姐姐受害一輩子，都得憂鬱症了，放過她吧！如果有勇氣，不妨和爸爸攤開來講，這也是幫助自己解開心結的關鍵。否則至少回家去，和妹妹一起討論一下照顧媽媽的問題。

人生只是盡情分，也盡一下自己心目中該盡多少的母女情分吧。

女性主義者的斜坡婚配

女性主義之興起

女性主義的源起，當然是一種不平之鳴；但不平要鳴，需要一點知識和學問，用來感知和覺醒，也用來行動與爭取，所以也有人認為，女性主義之風起雲湧，是因為大部分女性受了完整教育的緣故。不管教育是否為直接因素，但至少我們可以認定這是女性主義興起的必要條件。

那麼，反過來說，受教育的女性，一定都是或都可以成為女性主義者了？答案當然都是否定的。女性主義者對身為女性的種種、需有必要的反省與覺醒，並得在他人與自己間尋找出合情合理的平等對待。這是一種理想，因為除了自我堅持，還需要很多社會條件的配合與允許。我敢大聲的說，台灣社會還沒有這個條件；這也是女性主義在台灣，仍然停留在喊爽階段的緣故。

這個思辨，足以幫助我們釐清目前台灣社會的女性主義到底有多成功、多徹底？

我曾多次應邀到全省各地及美國各州、東南亞地區演講，各地女性有各地的問題，她們的思維的確影響到她們的作為和命運，不過台灣女性的自主意識普遍較低，尤其城鄉差距特別嚴重。我記得有一回到高雄縣演講，一位聽眾問完問題後，提到社工人員的努力和自己的認知，加了一句：「對啦對啦，女性主義不能被家暴。」我來不及回答，就被簇擁到其他人群去。她的話簡單定義女性主義，當然也讓女性主義意外簡化到標準很低的程度，不知這是好還是不好。

斜坡婚配，男女有別

而關於女性情慾自主這一層面，剛好是近年來女性最勇猛精進、卻也受傷最慘重之處。女性的高學歷、經濟獨立、主動出擊、豐厚社會資源等條件集結一身之後，對於幫助自身婚姻的促成，其實好壞面都有，或有助益、或有阻礙，因人而異、不一而足。

因為受了越高的教育，表示年齡相對的增高，以台灣社會男性普遍性自信焦慮來看，敢於向上婚配的人其實並不是那麼樂觀。

相反的，女性在向下婚配這一點上，比男人更前衛、更可以接受。但雙方擷取的重點，基本上是不一樣的。

婚姻市場上，男性有時可以接受向上婚配的斜坡式婚配：如果女性有更高的學歷和更好的所得，他們比較可以接受，因為這兩者都可轉化成生活資源，讓他們的生活得到實際的好處。但是，如果女性年齡過大（大約以超過三十五歲為準）或容貌普普，男人就會躊躇猶豫，因為此二者關係到賞心悅目的虛榮和生育後代這兩件要事，即使女性同時擁有可轉換成生活條件的社會資源，但若非很多，他們也會在心中精密的換算後再來定奪。在這一點上，男性的愛幼齒和重外表心態，很容易凸顯出來，畢竟貌醜和年齡大如果發生在女性身上，那是無法兌換成有利的生活津貼的。這兩項對女性的限制意外龐大，不像男性的影響那麼微不足道。這個發現，其實是我在處理現代女性婚姻問題時，走訪幾位婚友社負責人和職業媒人後得到的結論。

婚姻與求子，在生理年齡上的限制不同，然而所謂女性主義者或號稱是女性主義者，在現實生活裡，並沒有那種本事貫徹自己要生或不生的堅持，也許結婚時誤判形勢，以為自己可以作主，過了幾年，在種種壓力下不得不生，這時高齡想要懷孕，就不是那麼容易，既受苦又花錢，簡直生不如死；不像男人老一點猶可播種。這在目前，居然也是「小丈夫低學歷」的女性困境之一，真是令人噓唏。

或謂，讓女性找那些學歷和她差不多的男性結婚就好了嘛。但姻緣之事不是那麼單純，很多女性年輕時也許一直都傻傻的在等待自己的白馬王子；幾年之後，忽然醒轉，但也許就已走到青春尾巴，錯過蹉跎了。或有某些女性，心高氣傲卻懵懂無知，擇偶即使不嚴求三高，可也有諸多莫名其妙的不肯，譬如不愛禿頭、不要矮男、不嫁獨子、長子或孝子……擇偶這件事，有條件就等於是給自己設限，青春固然無敵，但時間更是所向無敵，放開心胸看看各種男性，說不定青蛙王子就在其中。

為愛下嫁 難保幸福

小丈夫低學歷好不好？

要看適不適合。

一、兩年前報載一位女律師，愛上她為之辯護的煙毒犯，還生下一個孩子。這是典型的斜坡式婚姻。

我相信女律師決定下嫁之前，一定被激情沖昏了腦袋。那種不同領域、不同環境、不同價值觀、不同生活、不同家庭、不同學歷的男性，在追求她時，使出渾身解數，展現最好的一面，往往因為絕大的差異性產生出致命的吸引力，所以絕對可以讓女律師神魂顛倒、意亂情迷。

這正是激情迷戀與愛情婚姻的最大不同之處——在短時間之內，意即戀情剛開始時的一、兩年之內，相異的兩個戀人之間，彼此激發出非比尋常的熱情和吸引力，火熱纏綿、難以自止。這種致命的吸引力，往往被很多男女誤會成「必須相異而互補，兩人才可能維持良好的婚姻」。錯了！相異而互補的兩個戀人，的確會互相吸引；但激情過後，真正生活在一起，如果價值觀、教養、生長環境等等形塑一個人的種種條件都不相同時，摩擦就會開始。一件簡單的事，卻必須花費很大的力氣、用很久的時間、生很多的氣來進行溝通；等溝通完成，彼此都已筋疲力竭；久而久之，幾乎所有大小事都會發生歧異和衝突，想想看，每一件事都必須歷經這樣辛苦過火的歷程，誰會受得了？這也就是人們愛說「相愛容易相處難」、「婚姻因誤會而結合、因了解而分開」的道理。差異性太大，短期內會形成迷人的愛情陷阱；但柴米油鹽真正相處起來，才實際毫不留情的考驗起相愛的兩人。

女律師和煙毒犯的婚姻當然沒有善終，離婚且帶著孩子回到娘家的前者，無法阻止煙毒犯前夫前去騷擾傷害她的家人，這是婚前稍用理智就能得知的後果，卻花了如此大的代價才瞠目結舌、無言以對。

小丈夫低學歷的斜坡式婚配，確有人可以成功；但相對困難一定比他人多得多。具有冒險精神的獨立女性，愛情的尋覓相對精彩；只是，激情迷戀的感覺儘可享受，卻別忘了讓自己理智下來，去注意一下那些妳在熱戀時沒注意的訊息，也許那才是構成幸福婚姻最重要的事。

前幾天有椿女兒告親生母親的社會事件，相當引人注目。比起近來時有為錢財反目互告、甚至刀刃相向——父殺子、子弒父或兄弟相殘的案件，前述事件相較起來，好像並不那麼嚴重，不過深入探討，其實有許多值得深思的地方。

案件中的女兒二十三歲，在美國讀大學，暑假回國，母親特地帶她到墾丁度假（看來母女感情是不錯的），住在民宿。

衝突的原因是女兒獨自到外冶遊，一夜未歸，做母親的一直提心吊膽，整夜苦等女兒；終於等到女兒回來了，卻見她穿著暴露、對遲歸非僅毫無歉意，連母親針對她穿著和一夜不歸的質問也覺大驚小怪，甚至頂嘴不願受教。這母親在盛怒之下出手打她，可能女兒被打更出言不遜，所以母親抓狂起來，將女兒的頭皮和臉部多處打傷；女兒一氣之下到警察局告母親家暴和傷害，並且堅持不撤告。

警方人員力勸無功，但也覺得母女之間不用這麼傷感情，大概也有點同情那位母親，所以改用違反社會秩序的條款，罰了母親三千六百元新台幣了事，算是網開一面，免得母親因家暴法或傷害罪坐牢（家暴和社會秩序完全是兩碼子事，一為私領域，一為公領域，但警察這回應該是存心放這母親一馬的善意，就像抓到超速或闖紅燈，開個沒戴安全帽罰最便宜的五百元充數的意思）。

我不是要討論罰則或罰金這面向，而是想探討一下親子之間的問題。首先，這母親失控將女兒打得這麼重，當然是錯的，很多家暴，家長或照護者失手將年幼子女打死，往往都是因為情緒失控的關係，有時是因一時失控，有時則基本上就是無法控制情緒，可見管教子女時情緒掌控的重要。

但告人的女兒難道完全沒錯？

行不有方，整夜未歸，子女難道不該向同住的父母作個行蹤交代？這是基本的教養——也許父母從小未教，這就是父母的責任。案件中女兒在美念書，也許本來就過著無人管教的生活，偶爾回台，根本不會想到這上頭。但堅持不撤告就有點讓人難過了！

撇開親子感情不談，自己難道沒錯？只想到自己的權利，完全無視所謂義務，會不會是現代青少年的典型寫照？我聽說自從家暴法在學校大力宣導之後，很多中小學生因為父母不讓他打電動、玩電腦，毫不猶豫就打一一三告父母親家暴；有些因頂嘴、作弊、成績不好，挨一個巴掌，更是馬上通報一一三，希望有人趕快來制裁父母，以維護他們愛做什麼就做什麼的快活生活。我覺得對那些一知半解的小孩，除了盡力宣導家暴的通報管道，讓孩子們在遭受暴力對待時能找到庇護之外，似乎也該同時教他們一些規範和義務，以免動輒就打電話報家暴。

另一方面，現代父母也該有省思的地方：雖有家暴法，但子女該管教還是得管教，重點就在於管教不能在氣頭上，不能因為自己要出氣，也不能出以羞辱。所謂教養，平時比事發時重要得多。

還有一點提醒：一味「孝子」，結果養出一票只知要求權利、不知規範與感恩的孩子，情何以堪？在愛中有紀律，才是合理的教養。子女如果不肖，父母也該考慮是否還要一味付出？完全無視父母的觀感、我行我素的子女，有必要繼續供養下去？

不挖深點，哪看得到礦脈？

這些年，常常接到著急但卻摸不清青少年兒女心意、為了子女岌岌可危的大學學業或畢業後工作前途而不得安寧的父母求援，他們有些被兒女反覆而毫無章法的行為弄得方寸大亂，甚至直言「真想眼不見為淨，乾脆閉上眼一了百了算了」！首先我當然要勸為人父母者別那麼「脆弱」，雖然在台灣現在幾乎人人高學歷（不管真想讀或根本沒興趣讀的人都在念大學；也不管上大學對往後人生到底有沒有幫助，反正輸人不輸陣，大家念我也念）；即使念什麼將來不一定就做這個「什麼」；或者種豆得石，畢業後非僅未從所學得到任何助益，反倒浪費好幾年，而且先欠下五、六十萬的學貸，三面都輸。但讀完高中順理成章繼續讀大學的人還真是前仆後繼、不見減少，因為這正是台灣高教社會造就出來的普世價值觀，很少人有勇氣和智慧敢於與眾不同、走自己的路。

只是，至少目前在大學讀不下去的人，應該要誠實面對自己，最起碼也該認真思考一下這個問題——「我到底適不適合讀大學？有沒有必要讀大學？讀不下去的原因到底是什麼？不用功？沒興趣？完全弄不懂課堂上在講解什麼？還是心不在焉？玩得太過火，顧不上課業？或者搞錯目標，只顧打工？或者單純就是懶惰、不讀書、不上課，放給它爛？」

如果真的有如上任何一項或兩項或更多的原因，讓自己在大學裡弄到書讀不下去，我建議當事人應該理智而勇敢的思考一下，到底自己真正想要幹什麼？不要硬拗下去、故弄玄虛、找一大堆藉口，弄得一家人雞犬不寧還不肯罷手！說到底，那是自己的人生，往後要怎麼過日子是自己的事，甚至不見得跟父母有什麼必然的因果關係（只要不變成啃老族或無所事事、有一堆惡習、放棄自己的人生或生命的寄生蟲就好）。只要明白，未來希望過怎樣的日子？這輩子很長，該如何養活自己？萬一結婚，用什麼養家活口？這是一個年輕人最該考慮的基本問題。況且，毫無作為的躲在學校，到底還有幾年可躲？再躲下去，誰買單？

其次，我也希望父母們能鎮定一點，不喜歡讀書或單純只是愛玩懶散的孩子，做父母的在那裡憂煩著急也沒用，現在這個社會，有許多是因父母供養太充裕，生怕孩子的前途葬送在「父母不再供養」這關卡上，所以不敢放手。有時這反而讓子女可以推卸責任，不去思考自己切身的問題。因此，父母必須更有膽識作決定、更有智慧下判斷，給予小小的時間與空間，讓孩子猶疑、遊走、觀望一下下。然後，如果孩子不想繼續，就讓他就業或習藝算了。

我有位朋友是某大企業的總經理，兩夫妻只有一子。小孩自小就很被「栽培」與關愛，成績大約中上，鋼琴彈得不錯，也曾經就讀美術班（經過考試錄取）。但高二開始突然對未來想學什麼、做什麼覺得迷惘和焦慮，然後隨著高三來臨而益發感到茫然。這段期間，本來不會花太多時間上網與玩線上遊戲的他，突然對這些熱衷起來。結果大學無法選上中等以上的學校，要讀什麼科系也沒概念。

當時面臨無校可讀的尷尬情境，這孩子表現得有點事不關己的無感。

他和父母親關係都很緊密，但此時母親雖一直想和他討論這問題，卻不得其門而入。父親目睹這種情況，暫時放下工作，安排了三天兩夜的山林與溫泉之旅，在身心逐漸放鬆的狀況下，父親終於一層一層慢慢了解兒子的迷惘，他不想以音樂當工作，卻也不知該做什麼；好像對讀書突然失去熱忱，以前有興趣的大眾傳播，現在竟也無感起來。

父親聽了兒子拉拉雜雜的敘述之後，很謹慎的問道：「你有什麼想做的事，可以趁現在去做，譬如——」

兒子斷然回說：「沒有。現在只覺得煩……其實，一直以來，都覺得好煩，靜不下心。」

「你的意思是，不想讀大學了？就這樣出去做事？」

兒子沉吟好久，不確定的說：「我只是想弄清楚自己真正想讀的是什麼？」

「在家玩電腦、玩遊戲，也不能幫你弄清楚。我看這樣好嗎？先去當兵，當兵期間有很多時間可以想想自己要幹嘛。」

兒子未料爸爸會要他先去當兵。爸爸的想法有好幾層：當兵至少不會全天賴在電腦前；雖說現在服役不致太辛苦，但最起碼沒那麼自由，也不會讓人閒至無所事事、遊手好閒；尤其，當兵時的氛圍，有助促成年輕人必得認真思考的態度。

這位有錢父親，其實也作了相當程度的「表態」：雖然他給了兒子緩衝的一段時間和空間，但那是有期限和範圍的，在那時空裡，兒子必得作出一個方向和決定，否則退役後，如果不繼續讀書，可能必須馬上面臨自己出去工作「吃自己」的命運。這種來自父親的柔軟之「哀的美敦書」（Ultimatum，最後通牒之意）的壓力，其實力道很剛好，藉著當兵的成長與磨練，幫助小孩務實面對自己的未來。

這位朋友的獨子，退役之後繼續升學，選擇的是準備當無冕王的科系。

問題不在讀建築或土木

另有一例，也令媽媽抓狂。

她的兒子高工念的是建築科，應屆考上一所私立科技大學，也順理成章選讀建築系。但是大一上學期卻因英文缺課太多扣考而休學。大家注意到了吧？如果好好去上英文課，按理就不會被扣考，也不必休學。當然有些同學會猜：是不是因為高職英文底子沒弄好，上了幾堂課後發現有點難，自估即使參加考試也不太可能過關；所以乾脆不去上課，提早宣告放棄？但是，通常不是會有上課出席狀況及考試分數等幾種組合起來的評比總分？大多數老師，應該都會評估學生上課狀況給分。而且只要應考，不及格也有重修機制。若是自己先放棄這種基本努力——上課和應考，那別人能有什麼機會給你機會呢？一定要先給別人能幫助你的機會，你才有可能過關的機會嘛。去考了，即使沒過關，也不比動不動就休學更糟糕。就像挖礦一樣，往往需要挖深一點，才比較可能挖到礦；意思是得稍稍用點功才行。

這位同學被迫休學後，第二年選擇去服兵役。退役後，於二〇一一年復學。

不料十一月時，校方通知家裡：他的設計和圖學缺課超過二十堂。這位著急萬分的媽媽趕緊帶著兒子到校方和老師洽談。談話中，媽媽首次聽到兒子的意願：原來他想要讀的是土木而非建築。

愛子心切的媽媽趕緊和老師商量：那就拜託讓孩子轉讀土木系好了！然而，校方卻說：要念土木可以，不過學校規定，必須念完大一才可申請轉系。而這位同學偏偏就念不下去而執意休學。（第一次休學是英文缺課太多扣考；第二次休學不同年度，換成設計和圖學缺課超堂。到底是英文還是設計圖學讓他念不下去呢？他在一百公尺低欄中，是被哪一門課絆倒？還是自己把自己絆倒了？或竟是未戰先怯，自我放棄？）

想讀土木之說法，我認為是種託辭，也就是藉口。

這位同學也不是大一才認識建築，他在高職一年級時讀的就是建築。三年建築基本學程或學科他早已清楚；即使大學是進階版，應該也沒陌生到必須等這麼多年才反悔吧？我不知道他真正感到棘手的是哪一科目？如果他已讀過基礎版的建築科系都還有過不去的關卡，那麼理應更加陌生的土木系，以他避難的態度，難保不會有一兩個關卡讓他跨不過去，他憑什麼認定比較陌生的土木系才是他的最愛？像這樣遇難則退，不掘深一點、不使點力，太輕易就放棄的人，很難找到人生會那麼慷慨的提供一處輕輕一掘、不必揮汗就可深挖的軟土。

他的母親對他的「讀不下去」很難接受，因為休學後逾三個多月，除了睡覺和上網之外，就是和同學出去。她認為如果不清楚自己的志向，先去就業也是一條路；要不學一技之長也不錯，並不一定非繼續升學不可；只是不能像現在如此醉生夢死，完全沒在思考到底要做什麼。

他有個國中同學現讀大三，平時在超商打工，學業也能兼顧；為什麼他連只是讀書也讀不下去？而且不上學之後，家裡不給零用錢，他居然向那位同學借錢買雜誌……媽媽簡直快抓狂了！

這位同學很明顯容易退縮，明明稍稍努力一下就可以過關，他卻選擇逃避。往後如果沒有突破這點，情況可能會越來越難跨越。心理上不能強化，那麼不管升學或學技，都會半途而廢。我覺得現階段，媽媽可以鼓勵他和那位常來找他的同學一樣去超商打工，學著面對顧客，再觀察以後想幹什麼、能幹什麼吧，畢竟，除非自己能覺悟，並且也有意志力堅持到底，否則無論別人怎麼拉或推都使不上力。

這叫勇敢追求自己幸福嗎？

案例：不正常的兩代原生家庭

一、外婆和母親

宋怡和的原生家庭不能算幸福美滿。

她的父母當初雖然也是所謂自由戀愛結婚，不過聽說剛辦完結婚筵席，手頭上即使還算寬裕，兩個新人計畫中卻沒有新婚蜜月或新婚旅行這檔事，原因是新嫁娘的媽媽跟著唯一的女兒嫁過來，如果兩個新人自顧著去度蜜月，就必得把老人家（不，其實宋怡和的外婆當時一點也不老，堪堪才過五十歲；自那之後，如今已活過九十歲的外婆，以當時至現在，至少還要再活四十年——真是苦難的四十年啊！任何知道她們家歷史的親友，幾乎都會這樣長長嘆息）。一個人丟下來，雖然這很正常，但在他們家卻是非常不正常。因為，怡和母親的成長環境，應該不能算是很正常吧？

在怡和母親才剛上小學時，怡和的外公戀上一個帶著幾個不同生父的大小孩子、對男人頗有手腕的私娼，拋棄怡和外婆和母親兩母女。怡和外婆爭取無望，只得咬牙做女工養大怡和的母親。

這怡和外婆雖自小失去父親護持，但她工作勤快又手腳伶俐，長年都住在工廠加班，吃住由廠方支付，所以所得只要照顧怡和母親就可。年幼的怡和母親就交給外婆的養父母（怡和的養曾祖父母）長期照顧。

因為養曾祖父母加上怡和外婆，都心疼怡和母親沒有父親，外婆甚至認為那是因自己無用被人搶去丈夫，才讓女兒沒有父親，因此對怡和母親心存歉疚，如此三個大人都對怡和母親非常寵愛，不僅物質盡可能豐裕，在各方面更是驕寵，沒有責罵管教，而是無盡的放任順其個性胡鬧，在家就算了，連小孩在外面與別人家孩子吵架，養曾祖父母馬上出門去修理別人家的孩子，即使因此與鄰居吵架幾至動武，養曾祖父母也不改其志。這樣十幾年下來，終於把怡和母親養成了自私自利、驕縱蠻橫、目中無人，以為全世界只有自己合該受寵的年輕女子。

怡和的養曾祖父母先後在怡和母親國二及高一時過世；那時車衣工的好景依然，論件計酬，只要妳車工還過得去，勤快努力、速度好，幾乎都可以賺到養家費。那時怡和外婆租了一房一廳的小屋子，把已經高一的怡和母親留在家中，自己住在工廠裡，除了幾小時睡眠之外，幾乎全在車衣，有時一週回家看一下，連過夜都沒辦法，又趕回工廠，這就是堅忍卓絕、努力拉拔女兒、非常有危機意識的怡和外婆，知道要趁年輕掙錢、存錢，替母女倆攢一點身家下來。

但外婆萬沒想到不愛讀書而愛玩的女兒，在家竟會學到一些不良嗜好。

那時鄰居三教九流都有，有在報社做校對、退休公務員、貨車司機、公家機關司機、推車小販、賣涼粿的各色人等。怡和母親大部分時間都孤單一人，很快就結交幾個年齡相仿的高中生或夜校生等，而且都是異性。大家來來往往，怡和母親家時常沒人，比較方便，自然成為大夥兒聚會地點，年輕人好奇，偷偷跟流行，要不學跳交際舞、要不抽菸、學調雞尾酒開party，舉凡不能在家做的，全拿到怡和母親家做，沒大人管的地方，去哪裡找呢？演變到最後不知怎的，就有某人提議且順便當起教練教大家打麻將、玩十三張。這一下可好，麻將和十三張，越玩越有趣，加上賭錢，非常刺激有勁，每天牌局都不同，既然玩錢，真的就吸引力更大、人人都欲罷不能，而且一天不玩、玩一次沒有好幾小時就不過癮，整個屋子人氣、菸味，烏煙瘴氣不說，男女間有時也容易逾越規矩；而家中比較沒人管束的孩子，經常請假缺課，就更加自然。

怡和母親在那兩、三年內整個生活更加敗壞，身經百戰的結果，也許真有點賭博小天分，讓她對打牌賭錢變得很有自信。總的來說，她是勝多輸少的局面；而且因為借地方給大家玩，還有抽成，所以帳面看起來很漂亮。可以說，在那兩年間，種下怡和母親好賭敢賭愛賭的賭徒習性。

這種日子，最後終於也有敗露的一天；只是，似乎有點晚了！沒多久，怡和母親高職畢業。外婆存了一筆錢，買下稍稍偏遠社區的一層公寓，遠離了那些鄰居。

二、爸爸和媽媽的糾葛

一、兩年後，怡和母親和怡和父親相遇戀愛。其間男方因為女方嚴重公主病的關係，幾度鬧分手、又幾度復合，一拖好幾年，怡和母親都快近三十歲了。

就在最後一次冷熱戰之後，怡和爸決定與本就互相吸引的女同事小須交往。小須個性與怡和媽完全相反，她是清寒家庭出身，善體人意又溫柔謙和，二十歲出頭，長得嬌俏可愛。兩人進展順利，幾乎是直接朝著結婚目的在交往；尤其怡和爸經歷過前女友那種長期折騰後，也希望盡快成婚。

就在這時，已經算分手、有半年沒來往的怡和爸媽間膠著的局面，突然因為怡和外婆的出擊而露出曙光。

外婆把怡和爸用電話約出來，在不是很僻靜的咖啡館裡流淚泣訴：一方面承認怡和媽可能因為她的寵愛而有點公主病，但那得歸罪她，而不怪怡和媽。而且兩個年輕人已在一起那麼多年，她女兒為他拿掉過三個胎兒，這已是一份情債，他怎忍心丟棄她呢？她至今對他毫無二心，除他之外，任何來提親的人都沒去見過……

除了哀兵之外，外婆也提到她只有這一女，如果他願回頭重修舊好的話，她願把他視如己出，終身為他做牛做馬來報答他。說到這裡，外婆當場對怡和爸跪下。他被長輩那一跪，終究無法繼續硬著心腸。想想這些交往的歲月，外婆對他真的很疼愛，一時也無措起來。

可是，明明就已熟知怡和媽被寵壞的個性，還要跟她繼續吵下去，多麼令人厭倦！尤其另一頭的小須，真正情投意合……叫他怎麼捨得下？

這就是為什麼新婚後勉強在家熬過沉悶的兩天後，第三天怡和爸按捺不住，藉口要到公司去看看的原因。他離家以後就整整五天沒回家，帶著傷心欲絕的小須遠至高雄去作安慰與告別之旅。

所以怡和媽是在新婚期間，輾轉得知丈夫的外遇。

這當然像晴天霹靂！最大的過錯也在怡和爸身上！再怎麼樣，你都不能如此優柔寡斷、腳踏兩條船啊！你怎能那麼快回頭又馬上去外遇？

怡和媽打電話去怡和爸公司，旁敲側擊得知丈夫的外遇。但當時沒手機，找不著怡和爸。五天以後怡和爸回家，坦承了這樁外遇，也坦白他無法就這樣丟下小須，因為他是小須的第一個男友，他對她不僅有感情，也有一定的責任。

那之後，怡和媽約出小須，兩個女人雖然有激烈的談判和交鋒，但結論是沒有任何一方要退讓，一個宣示了她的婚姻主權，另一個則展現了她的愛情優勢。

從此，怡和爸和小須走了好幾年的不倫戀之旅，他覺得既給了怡和媽婚姻，便算有履行對外婆的承諾，至於無法喜歡怡和媽，好像未婚前就已知道不行，他並沒有掩飾。而對於小須，他必須補償未能娶她的背叛，繼續在一起、持續補償。

從此，怡和家就沒有真正所謂幸福的日子了。

雖然生了哥哥和姐姐，但父母整天爭吵。本來就不做家事的怡和媽，因為要跟蹤、跟班、跟隨，更不可能在家。外婆因為自年輕時就遭外公背叛，覺得女人一定要綁住丈夫，隨時跟著才不會讓丈夫有時間跟外遇在一起；所以她一開始便鼓勵女兒不用做家事，跟著丈夫就行，家中一切有她可靠。可是丈夫怎可能二十四小時都跟？最起碼白天他要上班，無從跟起。但玩慣、出外慣了的怡和媽，早就開始在外打麻將，並透過某種奇怪的關係，開始跟一些過氣的演藝人員玩，也跟著玩大錢、打大牌、賭六合彩、大家樂、做丙種融資股票等等。每天丈夫後腳出門，她前腳緊跟著也出去。而且沒有深夜十二點不回來，甚至還越來越晚，凌晨兩點才回。有外遇的怡和爸，很奇怪的都在九點前回家，可能是和小三是同事，在公司已相處太久，下班後就沒那麼來勁了吧？所以越到後來，他就越不能忍受怡和媽半夜回來的行徑。但怡和媽玩得正開心，賭性大開，每每理直氣壯的回罵：「就是因為你外遇我才心情不好出去玩！都怪你！」

兩個小孩整天見不到父母，見到的時候，不是在吵架就是打架，一個家都快完了！還要一天到晚聽外婆控訴父親、聽母親的嘮叨與抱怨，簡直煩死了。

其實，怡和爸與小須的外遇，大約三年就玩完。小須終於明白怡和爸不會離婚娶她，最後找到一個好男人嫁了。但三年之後，爸爸回來，媽媽卻玩得太爽，反而變本加厲的看不到人。

這個家，看來有些叫人擔心呢。

一、恣意妄為的三個大人

怡和爸與小三小須的外遇，在維持三年之後結束。有心回歸家庭的怡和爸，每天大約八、九點回到家（從公司到家的車程大約一個半小時），但等待他的只有怡和外婆和怡和的小兄姐。那時怡和還沒出生呢。

外婆賣力的燒好晚餐等待著女婿回家（外婆說來也算盡力，雖然她從年輕便必須養家活口，但卻沒怎麼做過煮飯、洗衣這類家事，剛開始只是亂煮湊和著）；怡和爸也盡量未表現不滿，但眼看時鐘指向十一點，太太還沒回家，兩個稚齡子女吵鬧不休，身為賺錢者的他終於按捺不住，怒罵小孩：「這麼沒規矩！幾點了還在吵鬧！這就是因為做長輩的沒盡心，才會放任小孩如此沒天沒地！」

外婆一聽，知道女婿在指桑罵槐，便一把眼淚一把鼻涕的哭了起來：「是我沒用，既管不住丈夫，也管不住女兒……一切是我的錯，你罵我吧，別怪我女兒……」她悶得慌，你外面有人，她待不住，只得往外跑……」

這種話不但不是勸和，反而火上加油，引起女婿大怒，吼道：「妳做母親的說這種話，等於贊成女兒在外面混！這成何體統？她到底在外做什麼見不得人的事，每天三更半夜才回家，跟什麼人做什麼事？放著一家老小不管，若沒妳給她撐腰，怎敢如此？」

外婆的本性就是如此，每次都用將過錯往對方推卸的哀兵政策，說得己方非常可憐，卻把對方推到毫無退路的地步，讓對方感到賠了夫人又折兵，吃兩次大虧卻還要聽人家哭著嗆聲，是可忍孰不可忍？簡直會逼瘋脾氣不好的女婿。

事情每天重複上演，剛開始怡和媽半夜兩點半進門，那時候，白天上班已累到不行的怡和爸早已不支睡著，所以本來該當吵的架，因兩人醒睡作息不同、交會不到，只好改以小規模草草進行，於是大人無處可以消散的情緒全部轉嫁兩個小孩身上，可憐的怡和兄姐，白天會因細故被充滿壓力的外婆毒打，晚上又遭滿腹怒氣、找不到人吵架的怡和爸痛扁；而只要當天怡和媽沒牌可打、或簽的大家樂損龜，兩個子女遭遇更是慘痛！被打得皮開肉綻，求饒都不能讓一肚子悶氣的怡和媽休手！當時也沒什麼家暴法，哪家不打孩子？只有程度區分而已，可是幾乎天天都輪番被三個大人毒打，實在太過可憐。

打小孩還無法消三個大人的怒火。平時動如參商、很難碰頭的怡和爸媽，終究也有碰頭的時候，而這也就是夫妻兩人大戰的時間點。一個人開口責備，另一人馬上反擊；講不到兩句，一定有一方或兩方同時動手：拳頭、鍋盤、杯子、電視搖控器、不小心沒收好的剪刀、水果刀等等，都曾被拿來當做作戰凶器。而受傷掛彩更是家常便飯。大家或以為比較占優勢的應該是怡和爸，事實不然。怡和媽通曉「以戰逼和」策略，開戰時絕不手軟，並常自備「隨身武器」以保必勝，如此才能逼對方負傷罷戰。

二、壓力鍋快爆炸

那段時期，家中其實還發生一件暗潮洶湧的大事。一向賭慣的怡和媽，在朋友的鼓動與影響之下，越賭越大，且名目繁多，在外賭麻將、玩股票，心變得非常野，麻將且不說它，輸贏一個月就是十幾、二十幾萬；但股票做丙種融資，先融資再沖抵，連續三次跌停而無力補填現金者，所有股票全數斷頭，馬上血本無歸。

怡和媽一開始在股市也安分的有多少錢做多少買賣，一陣子之後，錢湧來湧去，連著開紅盤，小道消息謠傳某幾家公司的利多消息，見識不多的怡和媽信以為真，一時貪心，唯恐自己因本金不夠，買得太少而錯過賺大錢的機會，所以冒險做丙種融資，搶購一大筆。誰知中了流言和投機大戶的圈套，立刻被吃光套牢。這一下急慌了，到處借錢。人家聽她一個家庭主婦做這麼大手筆不要命的玩法，誰敢借她?!走投無路的她，最後竟找地下錢莊借，當時她還一廂情願的想：消息是平日的牌搭子給的，要騙騙大的，人家怎會騙她這種小咖?所以她催眠自己：再撐個幾天就贏了，成敗就在這幾天之內，既然利多消息是真的（其實是幾年前的舊聞改一下又新炒），所以大膽向地下錢莊借了連本帶利（利息先扣）的本利和八百六十幾萬元投進股市。

結局可想可知：斷頭的五百多萬元再加上新借八百六十幾萬，一下子變成近一千五百萬的借款大戶！而地下錢莊的帳可絕對不會讓你拖久！走投無路，想到的是自己母親的幾百萬存款！雖然存在不同銀行不同帳戶，可是要盜領其實易如反掌，因為怡和外婆的銀行存款簿和印鑑，早在幾年前，就已知會怡和媽，因為女兒是自己在這世上最親的血親。至於女婿，本來就是外人；婚後更沒好好對待女兒，她表面上假意待他如半子，其實心裡怨恨死他了！有空跑廟拜拜時，她都向神明告狀，指證女婿的罪行……再怎樣，血親才是真的。她早就明告女兒：這些錢將來都是她的，要她好好活著，除了錢，還有兩戶房子呢。幾年來，那些存款，一直好好躺在只有她們母女知道的地方，安安全全的。

怡和媽想著，反正那些錢到頭來也是給她的，現在正值生死關頭，雖然不曉得如果真的拖過預定還款日而沒有還，地下錢莊會對她採取什麼行動？不過她可不想真的試試看……最有可能且最可怕的情況是，他們應該會打電話給她丈夫，此事非同小可，戰況會如何慘烈，她連想都不敢去想……

但動用母親的存款，她可沒考慮太久，第二天，她不動聲色的決定先領取那存款兩百二十多萬的定存戶頭。她帶著母親和自己的印鑑，大大方方的去解約，向銀行員假稱：她媽跌了一跤，行動不太方便，要她來代辦提前解約的事。然後一手拿著提來的錢，很快另一手又轉交給地下錢莊——總算度過了第一關。

不久，第二個還款日又到，怡和媽只晚了三天，地下錢莊的催款電話口氣馬上凶狠如虎，連著四通電話，怡和媽支支吾吾，正在客廳揀菜的外婆不知不覺也有點警覺。她開口問女兒：「妳是在外頭有跟人發生什麼事嗎？」

怡和媽惡人先咬人，大聲說：「能發生什麼事？我什麼都沒有，能幹什麼？」邊說著，邊掖著她母親另一本一百八十萬的存款簿，走出家門。

在這樣氣氛下的家，真如築在火山口上。三個大人三種心情：一個心全不在家庭和孩子身上的母親，玩火賭博又欠下地下錢莊的錢，心情不好，回家打孩子；而外婆，既擔心女兒、女婿感情不好，又獨力看顧著兩個不怎麼好帶的外孫，脾氣耐性都不佳。而怡和爸呢，一回家就要對付兩個把他當敵人的母女，心情更不會好。

大人們有自己的活動和避難所，也可以吵架打架發洩情緒；更能打小孩安撫自己的憤怒。但，那兩個活在三個大人恣意妄為的暴力陰影下的小孩，卻又如何過他們的日子？

斷離原生家庭

人家說：幸福只有一種，悲劇卻有許多面貌。

怡和媽盜領外婆存款高達四百萬返還地下錢莊的借款，本來家中無人知曉，怡和媽也打算繼續盜領外婆的最後一筆三百五十萬，先打發地下錢莊再說。不想在電話中被外婆聽出一點不安的端倪，直覺女兒在外有糾紛，卻沒想到女兒竟盜領她的存款。紙包不住火，就在女兒鬼鬼祟祟翻找第三本存摺時，被她意外撞見！

外婆血湧大腦，差點腦充血！一面去搶自己的血汗錢，一面去翻找其他的兩本存摺，這才發現大勢已去，號啕大哭：「妳把那些錢拿去哪裡了？那是我大半輩子車衣辛苦賺來的，妳把它拿去哪裡？那可是我辛辛苦苦、一件一件車來的……妳這個敗家女，四百萬全不見，連這最後的三百多萬也要拿去，這可是我最後的棺材本，妳怎麼這樣狠這樣不孝，我、我……」

外婆拉著她最後的存摺，邊大哭邊倚著大衣櫥，幾乎要不支！

誰知怡和媽也不肯放手，跟著哭喊：「妳就再救我一次吧，沒有這些錢，我會被碎屍萬段，妳再救我一次吧，不然我一定活不了……我不在，妳要靠誰呢？」

母女倆拉扯著那存摺，互相叫囂哭喊。

外婆說：「妳拿走，我就死給妳看！」

怡和媽更激烈：「妳不給我，我先死給妳看！」

突然，八十八公斤的怡和媽向地下一癱，好像瞬間昏死過去！外婆一看，不知她是真昏假昏？想到她有高血壓，真要昏迷過去，萬一中風或腦溢血而失救，豈不就是她害死女兒了？這樣一想，趕忙推著女兒，又想將她抱到床上，但已經七十多歲，只有四十八公斤的外婆，如何抱得起一倍體重的胖大女兒？

心急如焚的外婆，顫抖著打一一九叫救護車，折騰兩個多小時，三個救護人員總算好不容易從沒電梯的五層樓扛下怡和媽。在路上，怡和媽偷偷張開雙眼瞧了下四周，被外婆看在眼裡，也不說破，只在心裡暗苦：自己怎會如此歹命，生出這樣一個不怕死又不孝的賭徒女兒，臨老又來拖磨？

那之後，三百五十萬的存款被外婆向銀行止付，怡和媽又在家鬧了三次昏死過去的鬧劇，勞動外婆前後叫了四次救護車。四次之後要尋死，外婆說：「這筆錢給妳也救不了妳，到最後妳我母女都得死！我也不期望妳老來孝順我，只望妳別再如此不孝的折騰我……妳也知道這筆錢救不了妳，別再裝死，給我安靜一點，好好想怎麼救妳。」

怡和媽一聽有救，這才真的安靜下來。母女倆一研究，沒八百萬結不了帳，外婆說起一位表舅，半白半黑、兩道通吃，很有點勢頭。欠黑道錢，有一大半是在還高利，是冤枉錢。只有求助唬得住黑道的人，才能打折還債。那表舅，名義上聽是一表三千里，但小時他和怡和外婆曾是玩伴，有份交情，應該會伸手幫忙。

怡和媽一聽，如有神助，立刻還魂。

結果外婆出馬去求這位大腕舅舅。看在老姐姐份上，舅舅一口答應出面。沒多久，傳來消息：所有債權，折成三百五十萬元，由舅舅簽出五張支票，在三個月內支付清楚。

舅舅看在外婆這位自年輕就獨力養大女兒的老姐姐份上，全額代付，不要外婆支出一毛錢。但他也特地叫出怡和媽，嚴厲的教訓了她一頓，特別不准她再涉足賭場、股市，也不允許她再去和不相熟的什麼大手筆人士賭錢：「再有一次，神仙也不會救妳——我更不可能出手相救，到時妳只有死路一條。要記住這個教訓。」

一、悲劇發生

這件事確實讓怡和媽不敢再去為非作歹做大的，剛開始她悶在家中，全身不對，沒幾天就開始算牌，簽六合彩。然後時間還是太多太悶，她遂開始在自己身上找毛病，一個星期出入大小醫院四、五次，門診、復健、檢查，反正就不想待在家中。一應家事，仍然是近八十歲的外婆獨力操作。

這時，怡和哥哥十歲，剛升上三年級，有一天因養蠶弄髒了外婆才打掃乾淨的客廳，被怒極的外婆用小棍子密集毆打一陣之後又罰跪；剛巧那天怡和媽悶在家中，心情正壞，順著氣正好接替外婆打孩子，哥哥又被毒打一頓；最後怡和媽意猶未盡口出威脅：「等會兒你爸回來，看我不告訴他，你給我皮繃緊一點。」

小孩弄髒家裡原是小事，但這家三個大人都長期打小孩出氣，讓小孩長期處在恐懼的氛圍中。怡和哥被打後，乖乖縮回房間。直到吃晚飯時，外婆聲氣不好的向他房裡喊話：「是死了嗎？敢不應聲！等會看我修理你！」

孩子沒回話，怡和媽氣沖沖的大罵：「有本事永遠別出來，看我剝你的皮！」

怡和哥最終沒有自己出來過。也許長時被打罵和威脅，不想再過這種日子；也許被母親責打復責罵之後覺得害怕，選擇把自己吊死在氣窗上，被發現時已經失救。

二、怡和出生和成長

那之後，這個家真正崩毀，每個人的心都破了個大洞。

十年以後，怡和出生，姐姐已十八歲。

怡和幼時看起來有點傻，反應慢，但因發生過悲劇，常時悲痛安靜的家，氣氛改變很多，大人現在不打架了，痛失長子之後，也不再對小孩施暴；姐姐上大學，很少參與家中活動；怡和成為家中三個大人的專寵，每個人爭著抱她；每逢星期假日，爸爸就開車帶全家郊遊，可以說，有十年的時間，這個家以怡和一個小孩為中心轉動著，怡和也理所當然的認定大家都該這樣一輩子的愛她才對。

姐姐在怡和十歲時結婚，過了幾年生下外甥女。姐姐要上班，爸爸極力爭取全天照顧小外孫女，一來是幫早出晚歸、天天加班的姐姐忙；二來則因怡和進入一學期學費七萬多的私立國中就讀，每天沒過晚上九點半回不了家，家中只有一個老人、兩個中年人，實在安靜得可怕，有個娃娃，至少熱鬧些。

但娃娃來之後，全家注意力馬上由怡和轉到娃娃身上，三個大人不是抱就是親，看在怡和眼中很不是滋味；有時怡和在自己房裡還會被大人叫出來幫忙照顧一下娃娃，這件事更令她無法忍受！她是要考聯考的學生，在校辛苦一天，好不容易回到家，還得侍候那小屁娃，一個小屁娃有多了不起？比她的功課還重要？人人都得侍候小傢伙?!一瞬間，她的地位竟至如此不堪，在短期內從大家專寵掉到無人聞問的地步！

隨著娃娃成長，學步學話到會叫三個大人，更是人氣扶搖直上、集三千寵愛於一身。娃娃嘴很甜，也頗聰明機靈，三個大人被哄得團團轉，連抱到外面都被外人稱許連連，當作不世出的天才幼兒！不用說，怡和的挫敗感和憤怒也越來越大、越多！她一回家就關在房裡不出來，避免和家人照面；假日爸爸邀她郊遊，一律拒絕。她用這種態度表達不滿，可惜大人都沒有感受與發現，到最後，怡和的滿心怨懟成為無可挽回的決絕，她覺得父母太愛外甥女而完全棄絕了她！她在家變得更加沉默，而沉默就是她的抗議。

國中畢業沒考上好學校，繼續留在母校讀高中，怡和與家人漸行漸遠。大學考上名不見經傳、遠在南部的某私校。爸爸在送她住校時感慨的講了兩句讓怡和認為對她是奇恥大辱的話：「六年中學花那麼大一筆錢讓妳讀私校，就是期望妳讀個好的大學，結果，妳也沒能考上好一點點的學校。」

怡和認為爸爸太歧視她，對家人的怨念達到最高點，那顆心已無法挽回！

大一沒讀完，怡和與高鐵車上認識的職業軍人認識交往四個月懷孕，堅持輟學成婚。爸爸在驚愕中含淚為她辦了很體面的訂婚、結婚禮；但怡和堅持婚後住南部，非僅很少打電話報平安，更以懷孕為由不回娘家。剛開始爸爸還興沖沖開車南下看她好幾次，可惜怡和表現非常冷淡，領悟到怡和夫妻不歡迎他之後，爸爸也不再去看她，只暗地拜託她堂姐妹注意她、照顧她。

怡和生產後沒幾天，爸爸突然中風，緊跟著媽媽也昏迷不醒，躺在不同的醫院。家中二老和外婆的住院生活等一應事項，全由姐姐打理，每天在公司、夫家、原生家庭和兩家醫院之間打轉，三、五個月下來已有點不支。而怡和則像沒事人似的，在臉書上儘寫些和丈夫打情罵俏與小孩成長的點滴小事，好像完全沒有父母住院這回事一般。三個月之後，怡和終於現身台北，短暫探望二老一次，此後即繼續銷聲匿跡。

看著怡和長大的伯叔姑輩們，雖明白她爸如何疼愛過她，但小輩要揀起某件父母渾然未覺的事記恨，大家又能說些什麼？

廖老師建議

親子之間的愛與恨，往往都在日常裡自然的展現，因為太親密、太沒有距離，所以傷害既容易又巨大，父母與子輩，雙方都可能在不知不覺間犯下錯誤。那些錯誤種下的傷痕，如果能及時知覺、挽回、理解、寬諒和彌補，親情自然有機會縫合；否則那種恨，終身都難弭平。

但我們是否應該去記取彼此所曾經釋放過最真誠的愛、最不求回報的無私付出，以沖抵那無意鑄成的大小錯處？那不正是親情比別種感情更可貴之處？

怡和爸媽年輕時的確稱不上好父母，但隨著年齡增長，人生也用大大小小的懲罰回報他們。爸爸在生下怡和之後，唯一的錯處是太不掩飾對家庭熱鬧氣氛的追求，以致更不遮掩對怡和外甥女的疼愛。但是，大人對孩子的疼愛方式，往往會隨著孩子年齡的不同而改變，如果怡和能稍稍用心體會一下、回憶一下，而不跟外甥女爭寵，她心中就不會有這麼大的恨。

或許怡和承繼了外婆與母親的嫉妒心眼，在她們長時間的調教之下，對「愛」無法體會；她太在乎自己、太愛自己、太不成熟、太自私、太一味追求自以為是的自我幸福，以致無法感應真誠無偽的感情，實在可悲。怡和爸對她包容而無所要求，但他心裡一定是有所期待的。

有什麼比忘了愛卻永遠記得恨的子女更叫人嘆息？

路上偶遇多年不見之老友，步履闌珊，一臉愁慘；本來我這個大近視和她擦身而過並未認出人來，而是被她一手拉住衣袖、扭頭面對面、經過五秒才恍然認出。沒能在第一時間認出朋友，我認為情有可原，除了視力不好之外，她變得太多、老得太快也是原因。

認出人來之後，我第一句話便衝口而出：「妳怎麼會變這樣？」雖然即刻醒悟自己的失言，但這畢竟是不爭的事實，所以我還是希望能從她口中得知這未見的十年當中，究竟發生了什麼事？

我們是大學同校不同系的校友，她通過高考，在政府機關做事，一輩子平平順順，好像還做到小主管的樣子；相較於我這個沒有固定收入的人來講，一定安穩許多。

我們就在附近的四十元咖啡店中順勢坐了下來。這時我才發現她一張嘴似乎有點歪。

「妳是不是生病了？」

她黯然回道：「小中風，急救過，還好復健做得不錯，不然就不知道會有什麼遭遇。」

我看她話中有話，不敢造次，忙說：「復原得很好，沒注意根本看不出來。我們這年紀就是要注意啊，一不小心，這個病那個病都找上門來，我也是啊。」

「我有時會想，如果再嚴重一點，乾脆一了百了，大家省事。」

原來她先生去年過世，讓她非常傷心，但聽到她說：「他管他自己走了，留下我一個人孤伶伶的」時，我還是有點不太習慣——看來他們夫妻感情不錯，丈夫在世時一定對她很好，不然我可是好久沒聽到現代寡婦誠心誠意的說這種話了。

後來我才明白，原來她講這話還有別的意思：丈夫在世時，兒女還不敢明目張膽向兩老要錢要房產；丈夫一旦不在，她又剛好中風，兒子便逼迫她將房產過戶給他。

「他急什麼？反正將來房子還不是他的？我只是暫時保管，萬一將來老病，他們看在財產份上，還不敢不理妳……」

原來是為了這個！

近來熟年父母常有這個「子女不替父母終老」的隱憂。有些熟齡朋友，經濟好且還在社會職場走跳的，兒女大半比較不敢以分產相逼，因為這樣的父母較有實力和魄力，惹惱他們，財產分得較少，那是自己倒楣；但那些經濟力較弱或寵愛子女、捨不得耍狠的父母就沒那麼幸運了！不肖子女逼分產、強索金錢財物，甚至動刀動槍的時有所聞，子女不養父母終老就算了，為了自己私慾，把父母扒光的越來越多，那種趕盡殺絕的凶狠，一點也不輸日本從前那種將無力生產的老人送至深山等死的陋習。

有些無力再另外置產而必須與已婚兒女同住的父母，往往必須勉力替子女帶孫子女，才勉強有存在的價值。現代人忙了一輩子，誰還真那麼「愚忠」想繼續孝順孫子女？我常聽熟齡朋友嘆息帶孫子女的痛苦：帶得再盡心，媳婦女婿都有話說；萬一出點小事，必定變成滔天大罪；而且，帶那種天使惡魔集一身的小小孩，累壞不說，退休以後的餘生也都完蛋了。前不久一件阿嬤砍死外孫的新聞，外婆自己罹患乳癌，剛化療過，身心本來就很虛弱不安，卻還要替女兒、女婿照顧十一個月大的外孫；偏偏女婿脾氣不好，常常責問小孩身上的傷何處來？甚而指桑罵槐，讓外婆非常緊張，導致悲劇發生。

我當然不是替那外婆脫罪，而是指出熟齡父母的難處而已。

太好奇——傷很大

小瀚的成長

小瀚六歲的時候，爸爸和媽媽離婚。與爸爸相依為命過日子的他，從此沒有見過媽媽。

大概是他八歲的時候，爸爸的新女朋友田阿姨進駐他家，開始幫忙爸爸照顧他。憑良心講，田阿姨是不是真正愛他，雖然很難求證，但以一般被照顧者的感受做衡量標準來看，至少田阿姨把他照顧得很好，也沒有任何情緒上的虐待。後來有一次，小瀚無意間聽到爸爸和田阿姨的對話，那時他們應該是發生了一點小小的衝突，田阿姨在哭，爸爸和她說了許多話，其中只有一句讓小瀚印象深刻，爸爸說：「我知道妳很辛苦，但當初我已經說得非常清楚，誰要跟我在一起，就必須對我的兒子好、照顧他，像個真正的媽一樣。」

那次以後沒多久，田阿姨就不再到他們家來。小瀚憋不住，有天終於對爸爸說：

「田阿姨並沒有對我不好，爸爸為什麼不要她來我們家呢？」

爸爸大概沒想到兒子會問這個問題，他把小瀚拉到懷裡，溫柔的說：

「不是爸爸不要田阿姨來，而是田阿姨覺得很累……這不干你的事，有時大人就是會亂想……」

小瀚鼓起勇氣問爸爸：

「生我的媽媽為什麼不要我呢？」

「她不是不要你，小瀚，爸媽結婚的時候，兩個人都太年輕，你媽只有十八歲，高中剛畢業，自己根本還只是個大孩子，卻必須帶那麼小的你；而爸爸那時剛接了很重要的職位，非常忙，把她忽略了……後來她決定去找新生活，重新來過……」

「那樣也可以來看我啊！」

「她不希望再看到過去的人，想到過去的事，那樣會讓她難過……」

爸爸的話，讓小瀚迷迷糊糊有個解讀：媽媽不要他了，她不想再和他及爸爸一起生活；這世界上他只有爸爸一個人了！只有爸爸和他，他要做個乖小孩，別讓爸爸傷心、不愛他……

而爸爸真的非常愛小瀚，爸爸本來在音樂大廠工作，擔任很重要的職務，但也因此必須經常加班，有時還要到中國大陸、中南部或新加坡、馬來西亞出差；田阿姨離開以後，爸爸辭掉工作，專心在家裡寫詞曲，這種工作，雖然有時難免還是要出去「洽公」，不過比起朝九晚六的正式上班族來說，真的自由很多，小瀚中低年級時，每天接送工作都是爸爸一手包辦；親師懇談會，爸爸沒有一次缺席；小瀚偶然調皮，老師打電話給爸爸，後者再忙也一定依照說好的時間到學校去和老師「懇談」，一點也不疏忽。

小瀚逐漸長大，爸爸的工作型態也作了一些調整，因為唱片及VCD等智慧財產權的版權費，受了下載及盜版的重大影響，詞曲工作者的收入大不如前；因此爸爸有時會應邀替某些歌唱藝人作專輯，有時也參加一些節目錄影，像這種時候，只要小瀚沒課，爸爸都會把他帶在身邊，可以說，爸爸也許是要彌補小瀚沒有母親的遺憾，一直盡心盡力想要做個好父親。

上了國中的小瀚，功課雖不頂好，但在管理嚴格的私校，卻也沒惹出什麼太大麻煩。由於身材一直抽長，所以小瀚打起籃球，特別得心應手。

上了高中，很自然就進入學校籃球隊。

我只是好奇

小瀚上高中時，早婚的爸爸只有四十出頭歲，外貌身材都保養得非常好，和小瀚站在一起，儼如兄弟；而兩個人的相處，更像兄弟。爸爸一直沒有再婚，也沒有走得太近的女朋友，天真的小瀚時常開玩笑告訴爸爸：「您老不交女朋友，那我就只好陪您到老了。」雖是玩笑，但也看得出父子兩人感情真好。

國中時順利度過，小瀚爸大大鬆了口氣，以為小瀚大約就是這樣順順當當成長，不用太過操心了。上了高中，身高又比爸爸高出那麼多，多少也讓爸爸有種誤解，認為他真長大了。假日或寒暑假，爸爸會帶他到高爾夫球場練球、教他開球場的小車；小瀚對開車顯出很大的興趣，尤其是爸爸開的敞篷車，更是讓他躍躍欲試，好幾次，父子兩人開車回來，小瀚都會要求爸爸讓他試試開車。

「我只在停車場開，就前前後後來回練習一下而已。」

停車場確實夠大，爸爸也相信小瀚會守信用，所以就將車鑰匙交給小瀚，自己先進屋裡去。

小瀚大約開了半小時便回屋裡，事後爸爸檢查車子也沒有擦撞痕跡，因此就放了心，心想：學開車不是壞事，只要讓他在停車場試一試、別讓他開出去，應該不會有問題。所以日後只要小瀚要求，爸爸都會答應；而小瀚也很守信，最多一小時，都會進屋。

這天，爸爸載小瀚回家，後者照例要求練車。爸爸自然也如常答應，給了車鑰匙，便先行進屋。

進屋以後，爸爸打了幾通電話處理完事情，因為昨天忙了通宵，躺在床上想稍微休息一下，不想一睡就睡了四個多小時。

醒來以後找不到小瀚，以為他出去買什麼東西了。又等了半小時，就猜他會不會肚子餓先去吃飯？但一小時過去，爸爸開始覺得不對，跑去停車場看自己的車子，竟然不在！他慌了起來，打小瀚的手機，對方關機。這還得了?!

爸爸又試著撥打小瀚兩個好友的手機，一個關機，另一個沒接，這下好了！另兩人一定是搭上小瀚開的車，知道爸爸打電話不敢接……爸爸擔心的是：小瀚沒有駕照、他的年齡根本還不能開車、高爾夫球場上的小車子根本不算車，會開高爾夫球場車，絕對不代表就是能開一般正式的車子，所以，萬一出事怎麼辦？

爸爸已不知要怎麼辦才好，他也不能打電話給小瀚同學的父母、告訴他們說：你兒子坐我無照駕駛開車兒子的車……那樣只會嚇死人家的父母……

一向聽話、守信用的小瀚，為什麼竟如此不聽話呢？爸爸又氣又擔心，過了一小時，手機忽響，竟是小瀚打來的！爸爸一接，先是小瀚，結結巴巴說：

「爸，我在警局，車子撞壞了，對不起——」

然後是一個陌生的聲音接著說話，瀚爸聽到小瀚的同學阿剛受傷，趕緊問明地點，衝到警局！

到警局時阿剛的父親已經先到。原來小瀚偷開了爸爸的敞篷車，阿剛則偷開他父親的BMW車，兩人一起相約試車。還沒到大直，阿剛與人相撞，小瀚要閃避卻撞到旁邊石牆，三部車都撞凹，阿剛輕微擦傷，其餘諸人都沒事。

事情總算沒有到不可收拾的地步，開罰、賠償之外，兩個爸爸都必須陪兒子去上交通違規的課。

不等瀚爸責問，小瀚頻頻道歉：他只是很想知道真正把敞篷車開出去的感覺；剛好阿剛也很想開他爸那部車，兩人就這樣做了。

「你知道我有多擔心嗎？如果今天你們撞死人，或自己受重傷，那怎麼辦？」

小瀚垂下頭：

「對不起，我不想讓爸擔心，我只是很想……想試試看……。」

從小瀚的整個成長過程看來，他之所以沒有變壞或偏差，完全是因他父親的努力，當然也拜他父親的工作性質可以轉成在家工作的自由業的關係。

但，不可否認的，小瀚本身也是個乖巧貼心的孩子，他感受到父親的愛，而且用安分作回報，不像有些孩子，即使父母對他們百般呵護與關愛，他們非但不知感念，甚至做出違背倫常的事，傷害父母。

不過，青少年的好奇在小瀚身上還是發揮了作用；尤其是男孩對速度、汽車、方向盤的迷戀，加上同儕的吆喝，更促使他違背與父親的約束，把一部大車開到街上去，闖了次禍。

大部分沒有駕照卻公然到馬路上「試車」的青少年，大致有兩種心態，一是覺得自己在練車時，一切都很順手，一點問題也沒有；所以，怎麼可能一到街上就會發生問題？嚇誰啊？這種心理，初看好像是自信的表徵，說穿了卻是十足的莽勇、不負責任。

第二種心理，應該算是不知輕重、不知肇事的嚴重性；或者是自欺欺人的自我催眠：沒那麼可怕、不會出事的，哪那麼巧？

汽車的重量加速度，事實是非常可怕的，雖然它的速度也是讓人感到方便的重要原因；至於它的厚鋼板，事實也是為了防範坐在車中的人萬一撞上別的車子、山壁、石頭、磚牆等硬物，可以受到保護而不致受傷甚至死亡而特別設計的，既要期待它有這樣的功能，堅硬與重量當然是必須考慮的因素。當一個這麼重的機器，以高速前進，如果駕駛的人無法隨時控制它的行進、轉彎、停止，那麼它一旦失控，或者駕駛者不熟悉踩錯油門，該停止反而加速往前衝，而四周全是擁擠、壅塞的路人、建物商家和各式各樣的汽車時，後果會是如何？

就像水一樣，可以載舟、可以覆舟，是福是禍全靠人的駕馭技巧是否熟練來決定，這就是開車為什麼要有駕駛執照的緣故：起碼的練習時數，讓駕駛能控制儀器、作出最基本的反應，這是自己保命、也是免傷他人最起碼的條件和要求——誰有權力能不遵守？不遵守的人，就形同拿著傷人武器上街殺人無異！誰不知速度、飆車是多麼迷人的事，但要享受這種感覺，先決條件就是要技術好，好到不會闖禍撞人才行。

考駕照有年齡規定，原因乃考量青少年性習無定、血氣方剛，容易被速度所迷；而且經驗不足，應變能力相對稍弱，這兩項對駕車一事會有舉足輕重的影響。

速度固然迷人，但生命更是無價，一個生命代表無限可能的未來，不能因為可以避免的疏忽而剝奪他人的未來——這樣的疏忽完全可以避免，只要堅持「有駕照再開車」即成功一半。好奇有時能帶來各項發明和發現，但有時卻必須付出慘痛的代價。當我們明知不當的年齡作不當的好奇探測、往往帶來災難時，那種好奇就不應該嘗試——等一等，時間到了再做，那不是更甜美的好奇之果嗎？

誰說「男人不壞，女人不愛」？

——沒人該在親密關係中被虐待

兩年前，有位十九歲的少女來找我，她個頭很小，長相清秀，本應是無憂無慮的年齡，看起來卻焦慮不安、畏畏葸葸。細問之下，才知她即將到外地去念大學，擔心家中無人，長期被父親毒打的母親，可能會因無人勸架保護而被打死。我覺得她父母的婚齡長達二十年，既然幾次母親都差點被父親打死，為什麼都沒有求去？而且幾乎也等於束手無策的完全不尋求諮商和外援，難道其母自甘於這種婚姻？

少女的回答令人匪夷所思，原來有幾次差點出人命，少女向學校師長求助，後者動用了很多資源幫助她們蒐證、驗傷、找律師，只要她母親點頭便能順利離婚，結束噩夢。誰知她母親無論如何都不肯離婚，理由竟然是：「其實妳爸爸也不是那麼愛生氣，只要一切順他就好。」一再追究下去，才知父母的性生活很和諧，這就更落實「女人常把性的歡愉當作婚姻的溫度計」的謬誤。當「順從」和「性」這兩檔事發生衝突時，在她家又爆發了一次致命的攻擊——某一刻，父親想做那件事，命令母親進房；正在看電視的母親沒有即刻順從，結果馬上激怒男人，立刻進行可怕的攻擊——一番拳打腳踢、推撞猛踹，結果是女人住院一週，差點無法活著出來！諷刺的是，出院後的女人很快又和打她的男人上床、就像完全沒事一般；這使企圖幫助她離開的其他人全都認為自己太多事了，因為女人活脫就像個被虐上癮症的患者，拉也拉不動。

我有另一個讀友，夫婦倆都是留美碩士、在美結婚生子定居。二十年來，不管太太賺的錢比他多多少，所有的錢（二人的薪水）全都直接進先生的帳戶，然後由先生每月發給太太極少的零用錢。為了讓孩子學鋼琴、小提琴、跆拳、游泳等等才藝，太太必須三番兩次求他，才終於掙到每月兩百美元的開銷。在家中，他常沒來由的大發脾氣，口不擇言的罵太太和孩子：「妳這個笨女人！」「妳這個懶惰的女人，什麼都做不好！」「賤種！」等等。我問她為什麼要容忍他這樣的苛待？她說：「他有病，說來也可憐，從小他就是在他父親的這種辱罵中成長，現在他就成了他父親的翻版……這怪不了他……其實他是愛我的，我們之間是因愛而結合，這是非常確定的事；他不發脾氣的時候很好，會幫我做飯，也會和孩子們一起做工藝。」我又問她，她自己賺的錢為什麼不能自己保管？為什麼不能有自己的戶頭而必須由他支配、向他乞討？她很自卑的說：「我真的不會理財，帳讓他管比較好。」多年來，他的陰晴不定、喜怒無常讓她痛不欲生，但想到分手可能會讓自己身無分文、又極可能喪失孩子的監護權，只好忍耐下來。卻只能越來越痛苦、越來越沒自信。

不只這兩件個案，其實十多年來，我不斷接到許多聰明、能幹、漂亮女性的投訴：丈夫讓她們覺得戰戰兢兢、動輒得咎；丈夫總是羞辱她們、批評她們；丈夫總是控制她們的交遊、思想、言論，不斷窄化她們的生活、打擊她們的信心、監控她們的行為；她們覺得痛不欲生、自卑愧疚，好像自己一直無法令丈夫滿意是一種罪惡……她們過得很不好，卻又覺得沒理由離開，因為，「他又沒有外遇」「他並不是不顧家」「從結婚到現在，都是他在養家」「他沒對我動過粗」……其實，基本上，這樣的婚姻真的品質惡劣，但是，身在其中的女人卻往往拘泥於丈夫婚前的浪漫、兩人的激情、歡愉的性，以及自己的被需要、丈夫長期的凌辱洗腦等等而致產生盲點，無法正視並看清自己病入膏肓的婚姻，當然就更無法改善或脫離這種痛苦了。碰到這種個案，到最後常讓人覺得十分無力，因為，光要她們正視自己「被苛待」這件事便已困難重重，更遑論其他？

女性的這種迷思和荏弱，在蘇珊．佛渥德博士的著作*Men Who Hate Women & the Women Who Love Them*中被清楚而明確的指出，突然讀到，簡直像驚艷般的如獲至寶！佛渥德博士在書中開宗明義便點出這種憎恨女人的男人有性格障礙的問題，但他卻能理直氣壯的造成配偶那種極負面的自我觀感，讓女性以為婚姻痛苦全部的錯都在女人身上。佛渥德雖認為錯不在女人、但卻指出是女人的行為允許男人如此苛待她的；她教女性重建信心、停止自譴、尋找憤怒的出口、改變和丈夫的相處模式、收回自己的人權、替他的行為設限、尋求幫助、接受治療（治療兩人的關係）、選擇合適的心理醫生、並作離開的種種準備和脫癮的努力、創傷的痊癒、幫助孩子度過難關等等，每一帖藥都切中病情，而且不唱高調、充分理解、設想周到、完全可以ＤＩＹ。這本書，既有專業心理醫生的學理和技巧，更有感同身受的了解與同情，它是一本極端有用的婚姻治療寶典，也是溫暖的支持與有力的救援。有許多國內婦女其實一直在用「忍耐」面對品質不堪的婚姻，她們很少人會尋求專業心理醫生協助，可是人類很多行為模式，往往只要改變觀念即可扭轉情勢；因此，如果能有人的言論可以讓她們辨識婚姻中配偶的虐待和自我的受苦，進而改變她們的心態行為，或許她們就得以改善婚姻的品質。這就是我引介本書給讀者的最大原因。

廖輝英作品集 19

雨，下在平原上

著者　廖輝英
創辦人　蔡文甫
發行人　蔡澤玉
出版發行　九歌出版有限公司
臺北市105八德路3段12巷57弄40號
電話／02-25776564・傳眞／02-25789205
郵政劃撥／0112295-1
九歌文學網　www.chiuko.com.tw
印刷　晨捷印製股份有限公司
法律顧問　龍躍天律師・蕭雄淋律師・董安丹律師
初版　2015（民國104）年2月
定價　260元

書號　0110419
ISBN　978-957-444-981-1
（缺頁、破損或裝訂錯誤，請寄回本公司更換）

國家圖書館出版品預行編目資料

雨，下在平原上 / 廖輝英著. -- 初版. --
臺北市 : 九歌, 民104.02

面；　公分. --（廖輝英作品集 ; 19）

ISBN 978-957-444-981-1（平裝）

1. 兩性關係　2. 婚姻

544.7　　103027264